Digitalizar la gestión del transporte

MARGE BOOKS

Digitalizar la gestión del transporte

DAVID SOLER

MARGE BOOKS

Colección: GESTIÓN DEL TRANSPORTE
Director: David Soler

DIGITALIZAR LA GESTIÓN DEL TRANSPORTE
1.ª edición, junio 2024

© David Soler García
© de la presente edición ICG Marge, SL

Edita: Marge Books
Brutau, 160 – 08203 Sabadell (Barcelona)
Tel. 931 429 486 – marge@margebooks.com
www.margebooks.com

Colaboración: Adrià Gibernau, Hèctor Soler
Edición: Núria Gibert
Realización editorial: Mercedes Lara
Diseño cubierta: Damià Mathews
Impresión: Arteos Digital, S.L. (Barcelona)

ISBN edición impresa: 978-84-10238-16-9
ISBN edición digital: 978-84-10238-17-6
Depósito Legal: B 10926-2024

El papel empleado en este libro no ha sido blanqueado con cloro elemental (Cl_2).

Índice

El autor

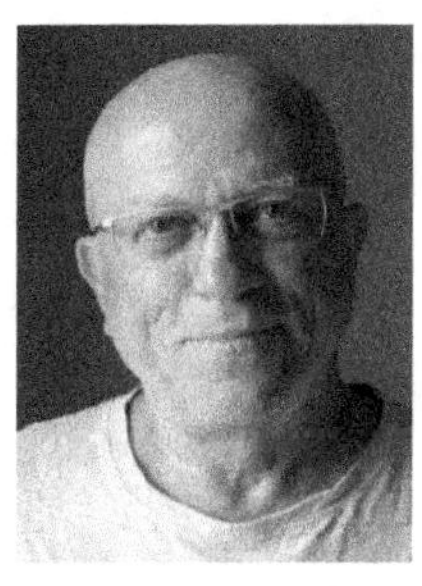 **David Soler** es licenciado en Bellas Artes y ha desarrollado su actividad profesional en los ámbitos de la edición, la comunicación corporativa, el *marketing* sectorial y la docencia. Con más de cuarenta y cinco años de experiencia en el sector editorial, es fundador y director editorial de los sellos editoriales Marge Books, especializado en ediciones técnicas y de gestión de organizaciones, y Montaber, focalizado en las ciencias sociales y el pensamiento crítico. En la actualidad dirige diversas colecciones técnicas y divulgativas, y es autor del *Diccionario de Logística* (2009), *Guía práctica de las reglas Incoterms 2020* (2021), Digitalizar la gestión del transporte (2024), y coautor de *Cataluña logística* (2006 y 2012) y *Manual del transporte de mercancías* (2015). En el ámbito del *marketing* sectorial, durante una década promovió y dirigió diversas ferias y foros internacionales de la industria de la logística y el transporte, en España y América Latina. Actualmente impulsa la creación de obras de literatura técnica relacionadas con la cadena de suministro a través del Premio Logisnet de Literatura Técnica y del Premio Logisnet Academy, dirigido este último a trabajos desarrollados en un marco académico.

Agradecimientos

Deseo agradecer las numerosas aportaciones que han contribuido a elaborar los contenidos de este libro. Particularmente, los valiosos comentarios de Javier Cortina, reflexivos, críticos y rigurosos, desde una visión holística de los procesos de la cadena de suministro. También, en especial, las contribuciones de Adrià Gibernau, por su capacidad para contrastar ideas y para introducir agilidad y frescura en una narrativa aparentemente árida y compleja.

Asimismo, quiero agradecer la colaboración del equipo técnico de la empresa Neurored, que aportó toda su experiencia y saber hacer profesional en el desarrollo de tecnologías digitales avanzadas, y de manera destacada a su CEO, Ricardo Medem, *alma mater* de este proyecto, que aportó su valiosa experiencia en el desarrollo de sistemas digitales y su visión estratégica en la evolución de la industria del transporte.

Y deseo reconocer igualmente el apoyo consultivo de profesionales a los que me une una larga amistad, como son Pedro Coll, Rosa Romero, Jaime Rodrigo de Larrucea y Cristina Coll.

Finalmente, quiero expresar un agradecimiento entrañable a las personas que, en las bambalinas, hacen posible que la literatura técnica sea un canal de acceso al conocimiento. En este caso, agradezco el esmero y la profesionalidad con que Mercedes Lara, Núria Gibert, Hèctor Soler y Henry O'Donnell han hecho posible que esta edición viera la luz.

DAVID SOLER

Prólogo

**Enric Ticó**
Presidente de FETEIA-OLTRA
Federación Española de Transitarios

El transitario que veía pasar la tecnología

La novela *L'homme qui regardait passer les trains* retrata la vida de un naviero, Kees Popinga, que no tuvo un final especialmente feliz. Se trata de una de las 192 obras de uno de mis escritores favoritos, el valón Georges Simenon, que llegó a la gran pantalla con el título de *The man who watched the trains go by*.

De la obra de Simenon podemos extraer que la mera contemplación de la realidad no aporta soluciones a nuestras empresas. Sin embargo, hoy, las empresas transitarias disponemos de un elenco de soluciones tecnológicas, generalmente complementarias entre sí, que nos permiten hacer nuestro trabajo con fiabilidad, seguridad y eficiencia.

Seguimos siendo los de siempre: los encargados de que las mercancías lleguen en tiempo y forma a su destino final. Pero hoy, es imposible resolver este reto sin contar con la ayuda de los recursos que nos aportan las soluciones tecnológicas, la digitalización, los sistemas de gestión del transporte y el almacenamiento.

Las empresas transitarias viven un momento de transición entre el empleo de herramientas manuales u ofimáticas y la aplicación de soluciones digitales avanzadas. Si bien es cierto que esto ocurre en todos los sectores de actividad industrial, para las empresas que intervienen en la cadena de transporte, digitalizar los procesos logísticos se ha incorporado progresivamente en su actividad.

La digitalización permite integrar y procesar datos para automatizar procesos, y disponer de informaciones en tiempo real para optimizar las operaciones. En un mundo caracterizado por un desorden sistémico, digitalizar nos proporciona indicadores clave y analíticas, con nuevas capacidades que pueden llegar a transformar nuestras propias compañías.

Las herramientas digitales facilitan la colaboración entre los agentes que intervienen en la cadena de transporte y, además, permiten incrementar la productividad de los recursos, reducir los tiempos de cada proceso y mejorar la satisfacción de los clientes.

La digitalización es la única herramienta que nos permite realizar análisis predictivos sobre aspectos clave de las cadenas de suministro y nos ayuda a tomar decisiones para avanzarnos al futuro cercano.

Desafíos en la gestión del transporte

Nos movemos en un entorno globalizado y complejo, donde la creciente volatilidad e incertidumbre en los mercados, nos hace valorizar más si cabe nuestro ecosistema empresarial. Por ello, es primordial asegurar la cohesión de los equipos internos y optimizar su gestión. Como es igualmente esencial estrechar las relaciones de colaboración con clientes y proveedores.

En un escenario de desafíos, además, cobran especial relevancia factores clave como:

- Automatizar los procesos de la cadena de transporte.
- Sistematizar la captura y el procesamiento de datos de las operaciones.
- Optimizar la gestión y el estado de las órdenes de transporte.
- Anticipar situaciones y riesgos en la cadena de suministro.
- Predecir los comportamientos del mercado.
- Mejorar la toma de decisiones.

Implementar la digitalización

Digitalizar es una acción estratégica y requiere analizar las alternativas que existen en el mercado tecnológico. En este análisis se debe definir adecuadamente el proyecto de transformación, su alcance y sus fases de implantación, y precisar cómo van a ser los procesos en el nuevo escenario.

Por un lado, existen paquetes cerrados de *software* que pueden resolver la complejidad interna de nuestra empresa, descargando simplemente un conjunto de programas informáticos en una computadora. Estas soluciones nos serán útiles para un determinado periodo de tiempo, pero, a corto o medio plazo, pueden tener el inconveniente de que requerir un cambio o una personalización sea algo complicado.

Por otro lado, también existen sistemas integrados de gestión de extremo a extremo de la cadena de transporte, construidos sobre bases tecnológicas avanzadas, desarrollados en la nube, que permiten configuraciones modulares, escalables y personalizables, y con capacidad de incorporar nuevas funcionalidades para hacer frente a requerimientos futuros.

Para una empresa, una estructura digital óptima debe incorporar la posibilidad de hacer modificaciones o ampliaciones a su conveniencia, con la más absoluta flexibilidad. Nada debería impedir que se pueda estar utilizando una aplicación adquirida y, a su vez, otras que haya desarrollado a través de sus propios recursos o mediante cualquier socio o consultora tecnológica.

Todo ello nos lleva a tomar muy en cuenta la conveniencia de contar con un socio tecnológico adecuado y con el que sea fácil trabajar, de modo que también se debería valorar si este socio es cercano, eficiente y ágil, además de tecnológicamente avanzado.

Características y funciones de los sistemas

Como veremos en las páginas de este libro, entre las características de un sistema digital de gestión del transporte, se debe incluir que permita gestionar envíos en cualquier modo de transporte, que sea válido para cualquier tipología de cargas, y que pueda integrarse con otras tecnologías, como dispositivos

IoT o aplicaciones EDI, y con otros sistemas de gestión, como los de contabilidad, o ERP y CRM.

En cuanto a las principales áreas de trabajo, deberían quedar resueltas algunas funciones esenciales, como son:

- La gestión integral de operaciones de transporte.
- El seguimiento y la localización de cualquier tipo de envío.
- La gestión de tarifas de fletes de todos los proveedores de transporte.

Con ello tendremos la capacidad de satisfacer las necesidades de la gestión de clientes, proveedores y equipos de trabajo; el pronóstico de la demanda y la gestión de órdenes de transporte; planificar rutas y visibilizar los envíos hasta su destino final.

Un sistema de gestión del transporte también ha de generar y gestionar todos los documentos relativos a las operaciones y, finalmente, tener la capacidad de recopilar y procesar datos que proporcionen analíticas con información que permitan optimizar la operativa y el rendimiento de las órdenes de transporte.

El futuro de la gestión del transporte

De un modo u otro, todos los agentes que intervenimos en la cadena de transporte nos preguntamos cómo será el futuro. Qué elementos van a ser los determinantes en sus procesos.

De entre los factores que podemos prever que ejercerán mayor relevancia, podemos destacar los siguientes:

- **Incremento de la digitalización** en todo tipo de organizaciones. Pequeñas, medianas o grandes, todas implementarán soluciones digitales que permitirán una mayor interoperabilidad de los sistemas internos y externos.
- **Sistemas de gestión del transporte** con procesamiento de datos para optimizar los flujos de mercancías y la capacidad de los equipos transporte.
- **Aplicaciones de inteligencia artificial** y aprendizaje automático, que aportarán informaciones en tiempo real para aplicarlas en la gestión de las operaciones.
- **Automatización de los procesos,** sin la actuación de personas en la ejecución, que sí intervendrán en el control y la validación de las operaciones.
- **Incremento del uso de dispositivos IoT** en toda la cadena de transporte.
- **Análisis de datos** para identificar patrones y tendencias, predecir problemas y riesgos y aplicar acciones correctivas.
- **Actividades medioambientalmente sostenibles** y sin huella de carbono, lo que impondrá limitaciones a determinadas operativas y la optimización de infraestructuras y equipos.

El libro que tienen entre sus manos está redactado en un lenguaje entendedor y pedagógico, que nos permite comprender, no tanto cómo funciona la tecnología sino en qué ámbitos nos puede ser útil. Recuerden el símil del reloj: no nos interesa "cómo y por qué" funciona, sino que, si no sabemos la hora, no podremos hacer las entregas en el tiempo acordado.

En FETEIA disponemos de la Comisión nacional de ESG y nuevas tecnologías (o de tecnología), y trabajamos para ofrecer toda la información y promover el debate sobre estos temas, que nos permiten no dejar pasar el tren. Este libro puede ser una gran herramienta de trabajo para nosotros.

Poniendo un poco de humor en el relato, un humorista explicaba: "Lo saben, aquel *que diu...* que, cuando un campesino murió, se quejó al Creador de que él, un hombre creyente, hubiese muerto ahogado en una gran inundación. A lo cual, la respuesta fue: Hijo mío, te mandé mensajes a través de la información del tiempo, una barca para rescatarte, un helicóptero cuando las aguas subieron y tu estabas en el techo de tu casa...".

Que nadie se queje en el futuro de que no tuvimos suficiente información. Porque sí que la tenemos. Solo los jubilados o los desahuciados, como el naviero Popinga, miran ociosamente el paso de los trenes y de las oportunidades. Las empresas transitarias ni nos jubilamos ni estamos ociosos: al contrario, el mundo actual requiere lo mejor de nosotros, y lo mejor de nosotros, sin tecnología, no es posible.

El libro que Marge Books pone a nuestra disposición es uno de los últimos trenes. Un consejo: léanlo, trabájenlo y tengámoslo en cuenta para las decisiones estratégicas que tomamos día a día.

ENRIC TICÓ

Digitalizar la gestión del transporte

1 Sistemas de gestión del transporte

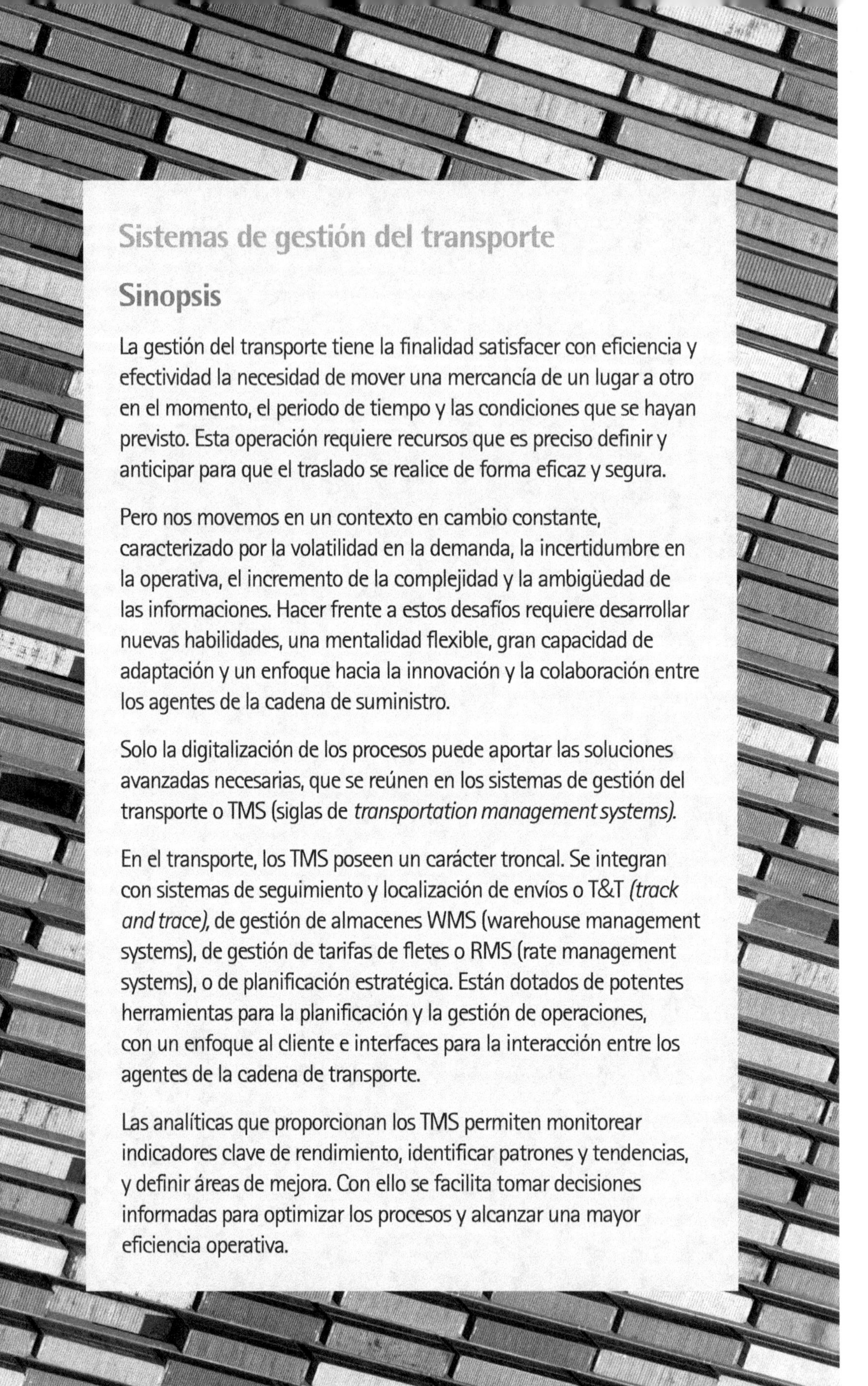

Sistemas de gestión del transporte

Sinopsis

La gestión del transporte tiene la finalidad satisfacer con eficiencia y efectividad la necesidad de mover una mercancía de un lugar a otro en el momento, el periodo de tiempo y las condiciones que se hayan previsto. Esta operación requiere recursos que es preciso definir y anticipar para que el traslado se realice de forma eficaz y segura.

Pero nos movemos en un contexto en cambio constante, caracterizado por la volatilidad en la demanda, la incertidumbre en la operativa, el incremento de la complejidad y la ambigüedad de las informaciones. Hacer frente a estos desafíos requiere desarrollar nuevas habilidades, una mentalidad flexible, gran capacidad de adaptación y un enfoque hacia la innovación y la colaboración entre los agentes de la cadena de suministro.

Solo la digitalización de los procesos puede aportar las soluciones avanzadas necesarias, que se reúnen en los sistemas de gestión del transporte o TMS (siglas de *transportation management systems*).

En el transporte, los TMS poseen un carácter troncal. Se integran con sistemas de seguimiento y localización de envíos o T&T *(track and trace)*, de gestión de almacenes WMS (warehouse management systems), de gestión de tarifas de fletes o RMS (rate management systems), o de planificación estratégica. Están dotados de potentes herramientas para la planificación y la gestión de operaciones, con un enfoque al cliente e interfaces para la interacción entre los agentes de la cadena de transporte.

Las analíticas que proporcionan los TMS permiten monitorear indicadores clave de rendimiento, identificar patrones y tendencias, y definir áreas de mejora. Con ello se facilita tomar decisiones informadas para optimizar los procesos y alcanzar una mayor eficiencia operativa.

Los logistas del siglo XXI

Hace apenas medio siglo que en el vocabulario de la gestión empresarial incorporamos la palabra «logística», pero no fue hasta la década de 1990 que el término ganó popularidad. Por aquel entonces, florecieron los congresos internacionales, se publicaron manuales técnicos y se lanzaron los primeros másteres sobre un tema, la logística, del que se hablaba mucho en los círculos industriales, pero que no siempre se entendía del todo.

Lo cierto es que los procesos logísticos ya estaban en las empresas, porque son inherentes a cualquier industria. Sin embargo, que estuvieran ahí no significa que se valorasen adecuadamente. Y el bum de la logística de los noventa puso a esta actividad en el centro de la escena, como un elemento clave para la creación de valor en las empresas. Se desbloqueaba un ámbito potencialmente optimizable y había mucho camino por recorrer. Así que el mundo profesional y el académico se dispusieron a racionalizar y sistematizar unos procesos que eran sustancialmente mejorables. Se estaba arrojando luz sobre un área que, en muchas organizaciones, había permanecido en la sombra.

Y es que, precisamente, la logística va de eso: de poner control sobre aquello que parece ingobernable. Una acción que ha acentuado su complejidad en un mundo globalizado, pero cuyos orígenes ya descubrimos en las ciudades-Estado del mar Egeo, hace más de 2.500 años. Porque en la antigua Grecia ya existían dos conceptos que ilustran esa voluntad de poner orden a lo incierto. Por un lado, el concepto de «caos» *(Χάος)*, que se asociaba con la indeterminación, la falta de límites y la ausencia de estructura. Aunque en la mitología griega se entendía que a partir de ese caos se creó cualquier forma de vida, lo cierto es que la vida en las polis se estructuraba según otro criterio: el concepto de «logos» *(λόγος)*. El *logos* se asociaba con el pensamiento, la razón y la inteligencia. O dicho en nuestras palabras, se refería a racionalizar, a controlar y a optimizar aquello que era indeterminado. Y justamente por ese cometido de poner luz a las sombras, en la administración ateniense, se denominaba «logistas» a los funcionarios que realizaban los cálculos requeridos para prever las necesidades del Estado.

> " Los logísticos del siglo XXI, somos expertos en planificar y gestionar operaciones de transporte.

Los tiempos han cambiado. Y en el mundo se han sustituido los pergaminos por hojas de cálculo y las cartas y anotaciones sobre los bultos por el teléfono, el télex y la informática. Pero el trabajo de los logísticos de hoy, en su esencia, no se ha visto alterado. Hace más de dos milenios se basaba en los principios pitagóricos y ahora emplea distintas tecnologías. Pero la función es la misma: discernir el grano de la paja entre el maremágnum de datos e informaciones de fuentes diversas y lejanas que se emplean para sincronizar flujos de materiales, o para gestionar un transporte, un almacén o un centro de distribución. Porque solo a través del *logos*, podemos superar la incertidumbre que suele ir asociada a dicha gestión y poseer el control de lo que tenemos entre manos.

Hoy, los logísticos del siglo XXI, seguimos siendo expertos en planificar y gestionar operaciones de transporte entre países con culturas e idiomas diferentes, con normativas legales dispares y con infraestructuras distintas. Tenemos totalmente integradas en nuestro *core bussiness* todas las prestaciones posibles sobre la previsión de necesidades de transporte, la gestión de la demanda, el cálculo de fletes, el seguimiento de los envíos, la gestión aduanera, los seguros, la gestión documental, el almacenamiento o la manipulación de mercancías. Y quienes lo hacemos desde una empresa que gestiona servicios de transporte internacional de mercancías, además, hemos incorporado otras prestaciones, como la consultoría en comercio internacional y la prospección de nuevos mercados.

Para hacer que todo esto funcione y sea viable en el futuro, tenemos muy presente que vivimos un momento de transición en el que la tecnología marca un antes y un después en la gestión de los procesos, que en muchos casos implica su redefinición. Estamos abandonando progresivamente los procedimientos manuales y la ofimática y asumiendo su evolución natural hacia una logística cada vez más integrada y eficiente, de la mano de una progresiva digitalización. Y esto es lo que vamos a tratar en las siguientes páginas. Porque la gestión del transporte se sustenta cada vez más en soluciones digitales avanzadas basadas en la integración de sistemas, con la gestión de datos, la automatización y el aprendizaje automático sustentados en la inteligencia artificial.

> El principal reto es satisfacer de manera eficiente las demandas de la cadena de transporte.

Retos en la gestión del transporte

Los principales retos a los que nos enfrentamos los logísticos del siglo XXI se centran en satisfacer de manera eficiente las necesidades de aprovisionamiento, las demandas de la cadena de transporte y el almacenamiento de los productos. Y no es suficiente con aplicar *«logos»* en grandes dosis. También hemos de utilizar sistemas y tecnologías que nos ayuden a procesar datos e informaciones que, con la inteligencia, aporten valor a la cadena logística.

Sin embargo, las circunstancias no siempre ayudan. Tanto si somos una compañía transportista, transitaria, fabricante o distribuidora, si la logística es para nosotros una actividad importante, la realidad es que su gestión se desenvuelve en un contexto en cambio constante, que bien podríamos asimilar a un entorno VUCA.* Un escenario que

---

* VUCA es el acrónimo *volatility* (volatilidad), *uncertainty* (incertidumbre), *complexity* (complejidad) y *ambiguity* (ambigüedad).

introduce desafíos relevantes, que pueden tener un fuerte impacto en las cadenas de transporte, particularmente cuando adquieren una dimensión internacional. Vamos a definir brevemente los principales desafíos, porque pueden afectar directamente a la rentabilidad de las operaciones y todos requieren una gestión que minimice los riesgos operativos:

- **La volatilidad en la demanda y la oferta de servicios de transporte,** como consecuencia de fluctuaciones en la demanda de bienes en los mercados. Esta inestabilidad conduce a variaciones significativas en la cantidad y el tipo de productos que necesitan ser transportados. Pero también a cambios bruscos en las tarifas o a interrupciones inesperadas en las rutas de transporte.

- **La incertidumbre en las condiciones operativas y del mercado.** El no saber qué pasará afecta a los precios de los combustibles y de los fletes. Y, como consecuencia, a la capacidad de planificar

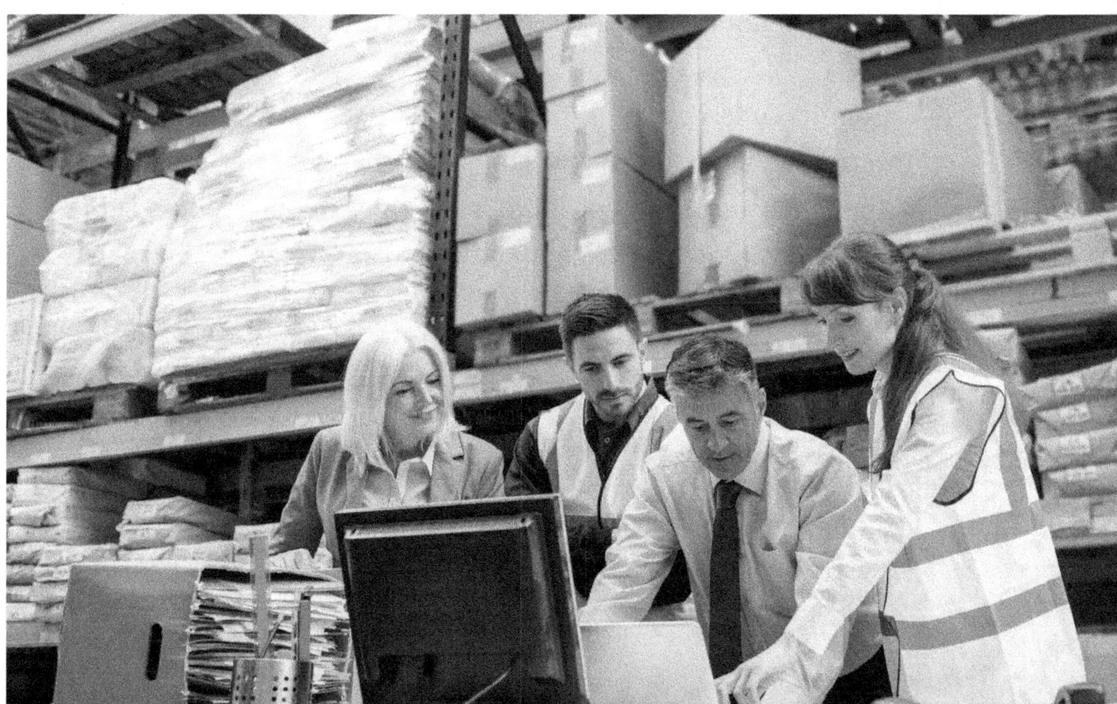

rutas, horarios, tiempos de tránsito o la disponibilidad de espacios en medios de transporte. Una inseguridad que tiende a acarrear retrasos y costos adicionales.

- **El incremento de la complejidad en las cadenas de transporte,** que está directamente relacionado con el número de factores clave interconectados: la globalización de las operaciones, los proveedores, las rutas, los horarios o los costos, entre otros. Y también, con el volumen de información que circula por el entramado que conforman.

- **La proliferación de normativas** en términos de seguridad, aduanas, medio ambiente o impuestos, entre otros, que pueden ser de ámbito internacional, nacional o local.

- **Los riesgos operativos derivados del manejo de las mercancías,** como averías de la carga, accidentes y alteraciones en las rutas, que pueden afectar a la duración de los tránsitos y a la propia calidad en la naturaleza de las mercancías.

- **La ambigüedad de las informaciones y los datos** que hemos de interpretar, y que es un grave obstáculo para tomar decisiones informadas. Por ejemplo, sobre las señales del mercado o sobre cómo una situación crítica afectará a otras áreas de la cadena de transporte.

Hacer frente a estos desafíos va más allá de la simple planificación y ejecución lineal. Pero ¿cómo vamos a lidiar con ellos, mientras que una mayor exigencia por parte de los clientes reclama una mayor competitividad? ¿Cómo podemos mitigar sus efectos? De entrada, un entorno tan incierto nos exige diseñar estrategias que incorporen resiliencia operativa. Es decir, que incrementen las posibilidades de resistir y recuperarnos de eventuales perturbaciones, interrupciones o situaciones adversas. Por tanto, ese entorno requiere desarrollar nuevas habilidades, con una mentalidad flexible, una gran capacidad de adaptación y un enfoque hacia la innovación y la colaboración entre los agentes de la cadena de suministro (véase la figura 1.1).

> **Un entorno cambiante requiere desarrollar nuevas habilidades, con una mentalidad flexible.**

Estas medidas nos ayudarán a desenvolvernos en este escenario con mayor seguridad. Sin embargo, los retos en la gestión del transporte

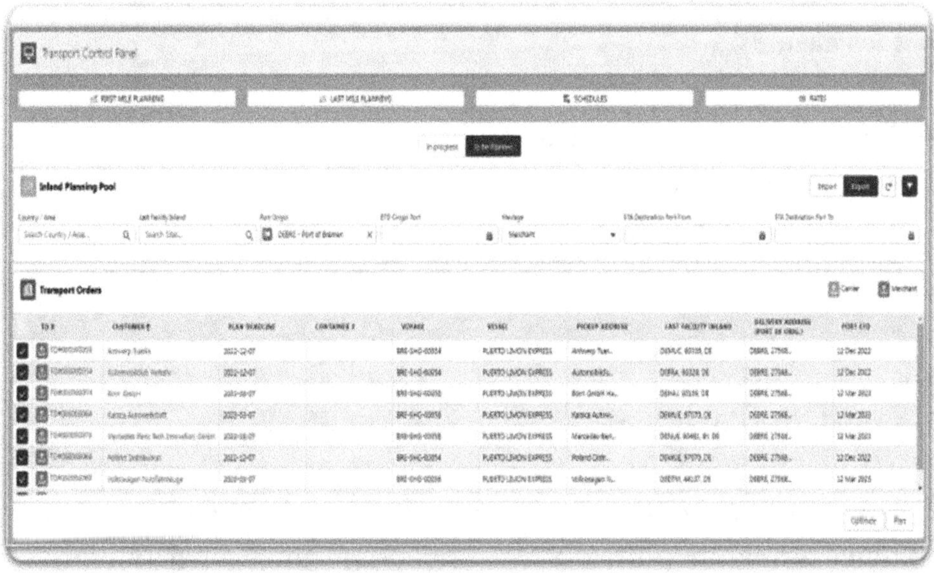

Figura 1.1. Interfaz de planificación operativa de un *pool* de órdenes de transporte.

van más allá, porque satisfacer las demandas de la cadena de transporte de manera eficiente también significa:

- **Obtener un pronóstico de la demanda de servicios,** de manera que la disponibilidad de mejor información nos ayude a tomar decisiones informadas. Ni que decir tiene que predecir es progresivamente más complicado a causa de la multitud de variables que afectan a la demanda, en un entorno donde es cada vez más habitual la aparición de cisnes negros de distinto tamaño.

- **Optimizar las operaciones y los recursos,** de modo que se reduzcan los costos operativos y se brinde un mejor servicio.

- **Conseguir tarifas de fletes competitivas,** con la mayor estabilidad posible, que contribuyan a la rentabilidad de las operaciones y que, en su caso, se puedan trasladar a las cotizaciones que presentamos a los clientes.

- **Reforzar nuestra responsabilidad social en términos medioambientales,** que debemos centrar en conseguir el menor impacto posible de nuestra huella de carbono, reduciendo las emisiones de gases de efecto invernadero (GEI) en las operaciones.

La digitalización como factor de oportunidad

El entorno de complejidad al que hacíamos referencia nos conduce a una pregunta clave: ¿qué herramientas me permiten ahora, pero más importante en un futuro que no pinta más sencillo, tener un control adecuado de mis operaciones? Porque ya no se trata solo de hacer frente a los retos que hemos descrito, sino que, además, hay que considerar que en el día a día se van a generar nuevas oportunidades.

Es la ocasión de adoptar soluciones que también nos abran la puerta a nuevos modelos de negocio. Soluciones que aporten adaptabilidad y respuestas ágiles a eventuales cambios en las condiciones operativas, que nos permitan identificar los problemas con rapidez y, sobre todo, predecirlos para tomar medidas preventivas y desarrollar planes de contingencia. Y no solo eso. Además, han de ser un factor diferencial que puedan apreciar nuestros clientes y colaboradores.

> Un TMS posee un carácter troncal y es el *software* logístico por excelencia.

Solo hay un camino que ofrezca la posibilidad de aportar las soluciones que requerimos: la digitalización de los procesos. Y esto se traduce en incorporar tecnologías digitales y sistemas de información en todas las etapas de la cadena de transporte, desde la de planificación de las operaciones hasta la entrega final de las mercancías. Está claro que las opciones tradicionales, fuertemente basadas en procesos manuales o semimanuales, no van a tener validez. No solo por su incuestionable ineficiencia, sino porque cada vez más se va a ver comprometida, si no lo está ya, su eficacia.

Digitalizar la cadena de transporte se conjuga, en la práctica, en una solución integral: un sistema de gestión del transporte o TMS (siglas de *transportation management systems)*. Un TMS nos permite aprovechar mejor las oportunidades que se generan en nuestro entorno, porque aporta un incremento de la capacidad operativa y poder ofrecer una mayor diversidad de prestaciones.

En el marco de la digitalización, la automatización de los procesos es la clave para mejorarlos. Esto abarca desde externalizar tareas al cliente, abolir el papel en la gestión administrativa, eliminar tareas manuales y repetitivas, suprimir duplicidades de datos, concatenar procesos sin necesidad de intervención humana o incorporar en ellos la inteligencia artificial. Todos los procesos de la cadena de transporte son susceptibles de implementar procedimientos automatizados que simplifican su gestión, limitan la comisión de errores, y facilitan que las personas puedan dedicar su tiempo a la gestión de las excepciones. Porque el resto está automatizado. Digitalizar la gestión del transporte es abrir ventanas a las oportunidades.

La digitalización favorece la colaboración

Trabajar con herramientas digitales favorece los procedimientos colaborativos. Es decir, el entorno tecnológico tiene la capacidad de promover la colaboración entre los agentes de la cadena de transporte,

consiguiendo un mejor servicio, pero con menor inversión de tiempo y de recursos.

La integración de la información en un solo sistema de gestión permite articular el trabajo de las personas en torno a unos procedimientos estandarizados que facilitan la interacción entre los equipos internos y externos y mejoran su productividad. Un ejemplo de ello es que diferentes grupos de personas pueden participar en la carga o actualización de datos en el sistema y colaborar en su gestión, mientras se mantiene el control de revisiones, el historial de cambios y los registros de cada usuario. Esta articulación puede alcanzar a diferentes áreas de la organización, eliminar los silos de trabajo y agilizar la resolución de las operaciones comerciales, operativas y administrativas.

En la colaboración con los clientes, se trata de facilitar herramientas que favorecen una comunicación flexible e integrada, con acceso a la información relevante que reúne el propio sistema. Para ello, como veremos más adelante, existe la posibilidad de que el cliente disponga de un portal personalizado que le permita acceder a aquella información que resulte de interés para su operativa.

Estas herramientas se extienden también hacia la colaboración con nuestros proveedores, facilitando la comunicación inmediata con ellos, la programación de eventos o la gestión documental y de cualquier posible incidencia en los procesos.

La digitalización se ha de asumir como un cambio de paradigma, con una gestión de los servicios entendida de manera holística. Esta nueva cultura digital beneficia a las expectativas de los clientes y proveedores tanto como a nuestra propia capacidad de gestión.

Pasos esenciales para materializar un cambio tecnológico

Aunque en una empresa se tenga conciencia de que existe la madurez suficiente para gestionar mejor las operaciones logísticas, y de que los clientes demandan cada vez soluciones más ágiles e integradas, todavía puede haber cierta resistencia a abandonar los métodos tradicionales. Un cambio tecnológico es siempre un desafío. Más allá de que tengamos claras las funciones que ha de cumplir un sistema avanzado de gestión del transporte, la digitalización también supone una nueva forma de pensar y abordar los procesos. Es una nueva manera de ver nuestro día a día y de afrontar los retos que se nos presentan, haciéndolo desde la mayor capacitación que esta transición digital nos brinda. Desde esa visión, solo nos falta dar un paso más y focalizar nuestros esfuerzos en su implantación.

Pero, ¿por dónde empezar? ¿Cómo conseguir que sea un proceso ágil y con garantías de éxito? Veamos, en unos pocos pasos, un método que nos facilitará recorrer con seguridad el camino del cambio tecnológico:

1 Crear un equipo de trabajo en el que participen todos los departamentos y agentes clave.

2 Delimitar el alcance de los procesos que se quieren digitalizar.

3 Determinar los objetivos que queremos conseguir (puede que esto nos haga revisar y actualizar el paso 1).

4 Precisar las necesidades específicas que ha de resolver el nuevo proceso. Esto requiere aunar una perspectiva holística, desde cada

uno de los agentes del proceso, y una perspectiva temporal, con los requerimientos de hoy y una proyección de las necesidades y los deseos futuros.

5 Preseleccionar las alternativas tecnológicas posibles. Valorar la posibilidad de contratar soluciones estándar o de hacernos un traje a medida.

6 Analizar y valorar las alternativas en cuanto a: cobertura, flexibilidad, costo de implantación, plazos, costo de mantenimiento, actualizaciones periódicas del producto, potencial de adaptación a cambios venideros, facilidad de uso, conectividad con agentes externos, y riesgos de mantenimiento futuro, entre otros factores a evaluar.

7 Visualizar la solución y conocer a la empresa proveedora. Actualizar la valoración.

8 Seleccionar y contratar la solución tecnológica.

9 Ejecutar la instalación utilizando para ello una metodología adecuada y contrastada. Que asegure la consecución de los objetivos en el tiempo previsto, y que controle el alcance de cada fase de la implementación, así como la involucración de los agentes clave para garantizar la adecuada aceptación del sistema en la organización, entendido este de una manera holística.

10 Estabilizar y dar seguimiento al proceso.

11 Utilizar la solución instalada y valorar la consecución de los resultados esperados.

Cada empresa reúne unas características y atesora unas motivaciones que la hacen única. Y cada momento puede demandar unas u otras prioridades. Por ello, estos pasos pueden requerir ajustes para adaptar el procedimiento a las necesidades, circunstancias y políticas de cada organización. Pero, lo importante, es que con ellos conseguiremos la seguridad, la agilidad y la coherencia necesarias en el proceso de digitalización.

Una solución integral: un sistema de gestión del transporte (TMS)

Un TMS posee un carácter troncal y es el *software* logístico por excelencia. Proporciona una plataforma digital para optimizar la gestión de la cadena de transporte y, particularmente, para incrementar la productividad en las operaciones. Aunque puede emplearse de manera independiente, un TMS tiene la capacidad de integrarse con otros sistemas para configurar una potente herramienta que articula todas las soluciones digitales avanzadas que existen para la gestión del transporte.

Normalmente está integrado con sistemas de gestión de tarifas de fletes (RMS, siglas de *rate management systems).* Esto lo habilita para emplearse en procesos clave, como la negociación y contratación de tarifas con empresas transportistas, el registro y procesamiento de las informaciones tarifarias, la selección automatizada de tarifas y la elaboración de cotizaciones de transporte (véase la figura 1.2).

Y también suele integrarse con sistemas avanzados de seguimiento y localización de envíos (T&T, siglas de *track and trace).* Con lo que logramos información útil sobre la situación de las órdenes de transporte y ver sobre mapas, en tiempo real, el progreso de los envíos. Así podemos identificar rápidamente cualquier posible riesgo o incidencia y actuar sobre la misma, mitigando o anulando el impacto negativo que pudiera acarrear.

Es asimismo relevante la integración de un TMS con herramientas para el pronóstico de la demanda, con sistemas de gestión de almacenes (WMS, siglas de warehouse management systems), con redes de dispositivos IoT (siglas de internet of things), con procesos de intercambio electrónico de datos (EDI), y con módulos de software de planificación de recursos empresariales (ERP) o de gestión de relaciones con los clientes (CRM), entre otros.

Este nivel de integración, junto a la capacidad de agregar y procesar datos para transformarlos en información útil, son los vectores clave de un TMS. Cuando estos dos factores están alineados con la estrategia de una organización y la información que se genera está al alcance de cada persona o entidad interesada, el sistema alcanza su plenitud funcional. Y, como resultado de ello, tanto los equipos de operaciones propios como los de nuestros clientes van a invertir menos tiempo en

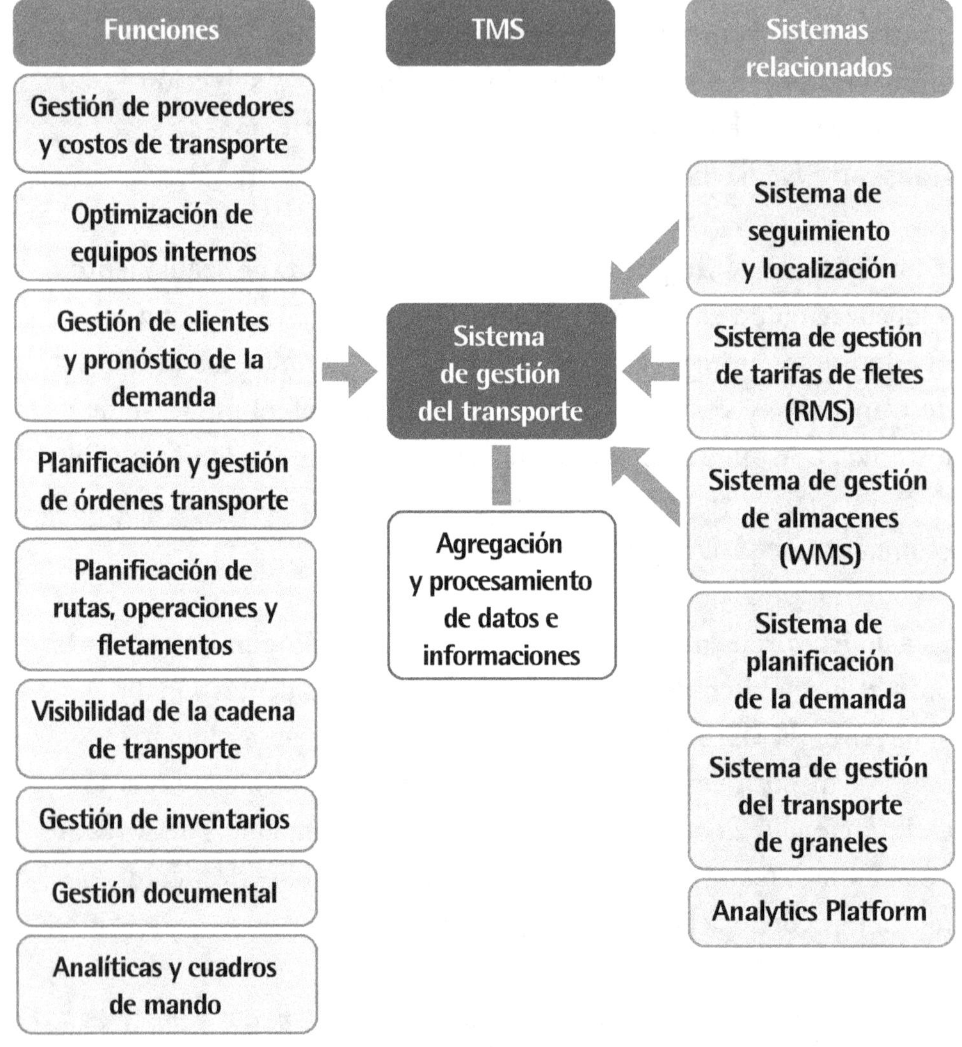

Figura 1.2. Funciones y sistemas relacionados con un sistema de gestión del transporte (TMS).

planificar las operaciones, en gestionar órdenes de transporte y en agilizar la resolución de incidencias. La consecuencia inmediata es que van a dedicar más tiempo a tareas que aporten valor real a la compañía.

Veamos ahora que, más allá de su capacidad de integración con otros sistemas, un TMS posee herramientas propias que mejoran el funcionamiento de áreas y procesos esenciales de la cadena de transporte. Entre las más relevantes, destacan las siguientes:

- **La relación con empresas proveedoras,** particularmente las transportistas, con quienes permite una fluida coordinación y comunicación, incluyendo los procesos de negociación o licitación, la gestión de contratos y la colaboración en tiempo real.

- **La actividad de los equipos internos,** al facilitar formas de relación multidireccional y colaborativa, con acciones seguras e inmediatas entre las personas y los equipos de trabajo.

- **El servicio a clientes,** incluyendo la posibilidad de comunicación proactiva de ofertas y cotizaciones, eventos relevantes, alertas, gastos, e incluso la integración de informaciones con sus sistemas de gestión y planificación de inventarios.

- **La organización de las órdenes de transporte,** incluyendo la planificación y asignación de cargas a las empresas transportistas.

- **La planificación de rutas** de manera eficiente, atendiendo a factores como los costos operativos, los tiempos de tránsito, la naturaleza de la carga, la consolidación de cargas, las capacidades contratadas con proveedores de transporte, la huella de carbono o las preferencias del cliente.

- **La gestión documental** de los procesos, al generar de manera automatizada documentos esenciales, como los aduaneros, la carta de porte o la factura comercial, por ejemplo.

Además, un TMS nos va a facilitar tareas clave como:

- **Integrar la gestión de operaciones y de fletamentos,** con el monitoreo en tiempo real de las etapas de la cadena de transporte y de los vehículos que se utilicen.

- **Gestionar la seguridad y los riesgos** en las operaciones, con planes de contingencia para abordarlos de manera efectiva.

- **Generar analíticas avanzadas y cuadros de mando** dinámicos para conseguir una visión holística sobre las principales métricas e indicadores clave de rendimiento. Y también para identificar áreas de mejora, focalizar la toma de decisiones y mejorar la preparación de interacciones con clientes y proveedores.

- **Pronosticar la demanda** y la disponibilidad de servicios de transporte a lo largo de un horizonte de tiempo, más allá de la operativa inmediata.

Con todo, la realidad es sumamente dinámica y un TMS se ha de proyectar en el futuro y ha de permitir la incorporación de nuevas funcionalidades para satisfacer nuevos requerimientos. Por ello, es imprescindible que su configuración sea escalable y esté desarrollada sobre una base tecnológica avanzada.

Un TMS alcanza la máxima eficiencia cuando opera sobre una plataforma de desarrollo de última generación, como lo son las

desarrolladas por Microsoft, Oracle, IBM o Salesforce, entre otras.
Existen sistemas de gestión del transporte que operan sobre este
tipo de plataformas de primer nivel, con capacidades de alto
rendimiento e innovadoras interfaces. Las personas usuarias pueden
proceder tanto del área de operaciones o comercial, como de gestión
financiera o de administración, porque sus prestaciones abarcan
todo el espectro de necesidades de una compañía que gestione
operaciones de transporte.

La gestión de órdenes de transporte

Agentes que intervienen en una orden de transporte

Situemos con una pincelada a los protagonistas de una orden de
transporte. ¿Quiénes son? Es importante tener presente cada función,
porque todas son esenciales en la operativa que describiremos para que

las mercancías se trasladen de manera eficiente desde su origen hasta su destino:

- **La empresa cargadora,** que contrata el transporte de una mercancía desde un punto a otro. Puede ser fabricante, distribuidora, importadora o exportadora, o cualquier otro tipo de entidad que necesite enviar o recibir bienes.

- **La empresa transitaria o agente de carga,** que planifica y coordina el proceso de transporte, y que actúa como intermediaria entre la cargadora y las transportistas, habitualmente mediante transportes multimodales o con varias escalas, tanto de cargas completas como de grupaje. Al responsabilizarse de la ejecución de un transporte, actúa como cargadora ante la transportista.

- **La agencia de aduanas** que, por cuenta de la empresa cargadora o la transitaria, lleva a cabo ante la aduana los trámites necesarios en el despacho de las mercancías que se exportan o importan. Este es uno de los servicios que también puede prestar una empresa transitaria.

- **La empresa transportista,** responsable de transportar físicamente la mercancía por encargo de la empresa cargadora o la transitaria, que puede actuar en el modo marítimo, carretera, aéreo o ferroviario.

- **La consignataria,** que es la entidad o persona que recibirá la mercancía en el destino fijado. Puede ser la parte compradora en una compraventa internacional o un intermediario que reenviará las mercancías a su destino final.

La orden de transporte

En una cadena logística, una operación de transporte se activa cuando se identifica una necesidad de transporte. A partir de ese momento, la empresa cargadora o la transitaria se pondrá en movimiento generando un requerimiento que se convertirá finalmente en una «orden de transporte». Pero primero, antes de que eso suceda, deben de haberse concretado unas informaciones esenciales para la planificación y ejecución del envío:

- **¿Dónde?**, es decir, las localizaciones que se han de tener en cuenta para la recogida, el origen, y la entrega de la mercancía en su destino.

- **¿Cuándo?**, para prever la fecha y los horarios de recogida, y calcular la fecha de entrega, en función del modo de transporte que se utilice y la ruta que se establezca.

- **¿Qué** tipo de mercancía?, cuál es su naturaleza, qué cantidad, peso, volumen, tipo de embalaje, instrucciones especiales para su manejo y cualquier otra característica relevante que la identifique.

- **¿Quiénes?,** es decir, las partes implicadas en la operación de transporte; particularmente con quién se ha de establecer la contratación del transporte, sea la empresa remitente o la destinataria.

> Un TMS integra todos los datos que permiten programar de manera óptima la ejecución de los envíos.

Con los requerimientos y las características del envío definidas, ya es posible emitir una orden de transporte, acción que corresponde hacer a la empresa que contrata el transporte, de modo que bien puede recaer sobre una empresa transitaria o bien una cargadora, si es esta la que contrata directamente con una empresa transportista.

La orden de transporte es el documento que comunica un compromiso que aceptan las partes que lo suscriben y que va a servir para organizar y validar el movimiento de bienes de un lugar a otro. Con este documento, ya se puede iniciar el proceso de identificar la alternativa más eficiente, económica y sostenible para un determinado envío.

De manera resumida, este proceso nos lleva a consultar las tarifas aplicables según el modo de transporte más adecuado; a seleccionar la empresa transportista, tarifa y ruta óptimas; a controlar que se adecúen los tiempos de tránsito, y a calcular el costo de la operación (véase la figura 1.3). Una vez más, se ve la importancia de que un TMS disponga de una integración sin fisuras con un buen sistema de gestión de tarifas de fletes o RMS.

Esta primera parte del proceso puede ser semimanual o bien desarrollarse de manera totalmente automatizada. Esto último, claro está, si contamos con un *software* avanzado, como el de un RMS, que reúne en una base de datos única la información de todas las tarifas previamente concertadas con las empresas transportistas.

Vamos a ser optimistas y a suponer que hemos resuelto esta operativa de manera automatizada. Y este es un dato importante. Porque quiere decir que ya hemos introducido en nuestro sistema todos los datos que van a ser necesarios para generar una orden de transporte y cualquier otra documentación vinculada.
Y si somos una empresa transitaria, además, también habremos

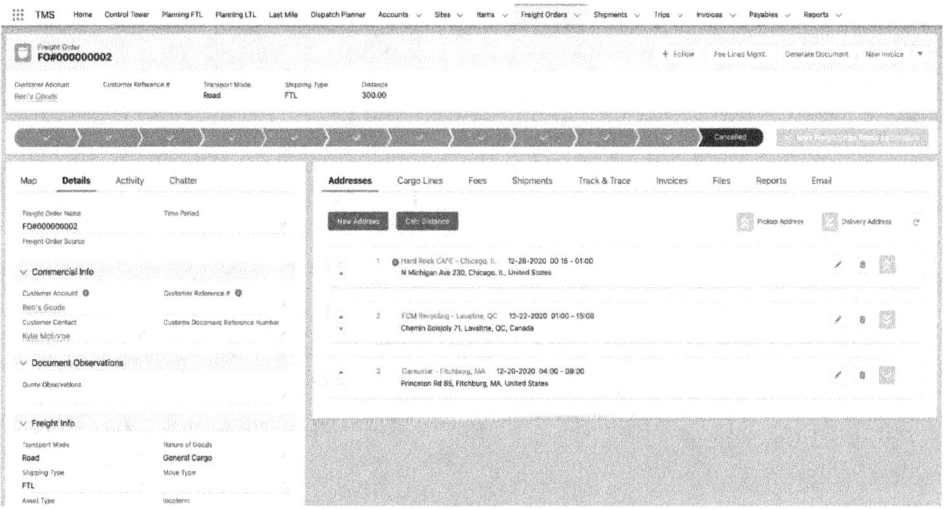

Figura 1.3. Interfaz para la creación de órdenes de transporte.

incorporado los datos del cliente al que remitimos la cotización en la confianza de que nos la apruebe para poder generar la orden de transporte.

Señalemos que, con la generación y el registro de la orden de transporte, un TMS también permite almacenar la correspondencia que originemos, las tarifas de transporte que utilicemos, las facturas y cualquier otro documento o comunicación relacionado con el envío.

La información detallada de la orden de transporte será utilizada para generar la documentación de exportación o importación (véase la tabla 1.1), lo que facilitará el despacho de la mercancía en las

Campos de una orden transporte	

• Número de orden
• Fecha de creación
• Fecha de entrega estimada
• Remitente
• Destinatario/s
• Información de la/s carga/s
   – Descripción
   – Cantidad
   – Peso
   – Dimensiones
   – Condiciones especiales
    (manejo, estiba, etc.)
	• Tipo de servicio requerido
	  (estándar, urgente, etc.)
	• Modo/s de transporte/s
	• Tipología del envío
	  (FCL, LCL, FTL, etc.)
	• Transportista/s
	• Tarifa/s del envío
	• Ruta o itinerario
	• Clasificación arancelaria
	• Regla Incoterms
	• Instrucciones especiales para la
	  gestión del envío
	• Estado de la orden de transporte

Tabla 1.1. Ejemplo de los campos más habituales
en una orden de transporte.

aduanas, así como, en su caso, la factura a un cliente. El sistema permite agregar cualquier otro dato que se considere significativo para el buen fin del envío.

Téngase en cuenta que en una misma orden de transporte pueden constar distintos trayectos, que pueden tener una gestión independiente. Esto otorga flexibilidad a la manera en que se organice el proceso de transporte requerido para cada envío. Una mercancía no siempre viaja de manera independiente, sino que en un mismo vehículo o unidad de transporte de carga (UTC) pueden agruparse distintas mercancías compatibles que comparten todo o parte de un trayecto, haciendo así más eficiente el transporte.

> **"**La planificación mediante un TMS reduce en un 75 % el tiempo de dedicación por cada orden de transporte.

Planificar las órdenes de transporte

Cuando vamos a gestionar órdenes de transporte, nuestro primer objetivo es optimizar la capacidad de las unidades de transporte carga (contenedor o caja del camión) y de los equipos de transporte, o la capacidad que tengamos concertada con empresas transportistas. Es decir, que en lugar de que cada envío viaje solo, se trata de consolidar en un solo contenedor diversas órdenes de transporte, o que diversos contenedores puedan agruparse en una expedición para ocupar el espacio contratado en un buque, por ejemplo.

Para esta operación de planificación operativa, la automatización del proceso mediante un TMS es una fase avanzada y fundamental.

Porque un TMS integra todos los datos y las informaciones que permiten programar de manera óptima la ejecución de los envíos:

- Por un lado, reúne las propias órdenes de transporte, con los requisitos y las características de cada envío, como la ruta elegida, el costo del transporte, la naturaleza de la carga (véase la figura 1.4), el volumen, la fecha de salida, los tiempos de tránsito, y la información sobre el nivel de servicio que corresponde a cada orden.

- Y, por otro lado, están las capacidades que hemos contratado con las empresas transportistas, con la disponibilidad de medios de transporte, las rutas, los horarios, las tarifas de fletes y cualquier otra información sobre el conjunto de servicios que pueden ser utilizados.

Nuestro equipo de operaciones tiene acceso a ese conjunto de órdenes que han de ser procesadas y puede filtrarlas por cualquiera de los factores que se deban tener en cuenta en cada operación.

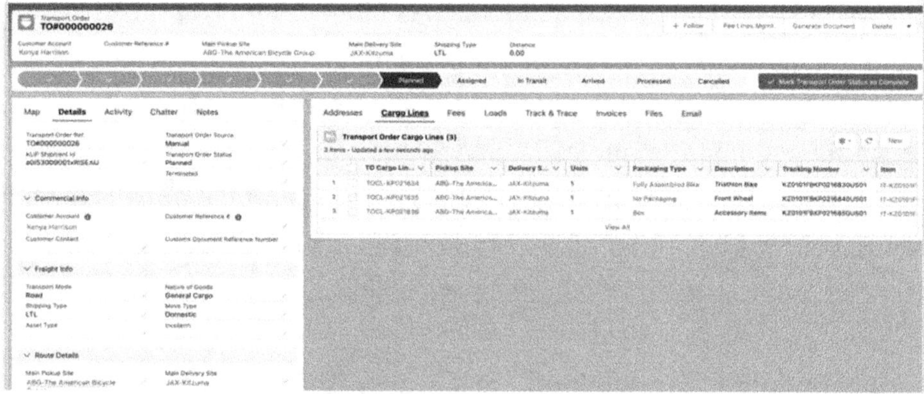

Figura 1.4. Interfaz para monitorear el registro de órdenes de transporte.

Incluso se pueden filtrar por la tipología de la carga, diferenciando si se trata de un transporte del tipo FCL, LCL, FTL, LTL, paquetería, carga aérea o mercancía crítica (véase la figura 1.5). De este modo, podemos organizar las órdenes de transporte según diferentes criterios, para ordenarlas de manera que se asigne a cada envío un medio de transporte, una fecha y una empresa transportista, de modo que se optimice la ejecución del conjunto de los envíos.

Este proceso de asignación de cargas a las empresas transportistas puede realizarse manualmente y de manera selectiva. Haciéndolo así, la estación de trabajo de planificación de un TMS permite reducir en un 75 % el tiempo de dedicación por cada orden de transporte. Pero también es un proceso que puede automatizarse al máximo. Es decir, con una sola instrucción a la estación de trabajo, esta herramienta realiza por sí sola la programación óptima de todos los envíos, con indicaciones sobre la empresa transportista, con lugar, fechas y horarios de salida y llegada, la capacidad que se ocupa, el costo y la huella de carbono que se genera, entre otras informaciones relevantes.

> La automatización de la programación permite procesar a la vez miles de órdenes de transporte.

La automatización de la programación mediante un TMS permite procesar a la vez miles de órdenes de transporte y minimizar los costos de contratación con las empresas transportistas. Porque es posible identificar de manera inmediata todas aquellas órdenes que pueden ir agrupadas en una misma expedición, tanto si se trata de contenedores completos que pueden ocupar un espacio contratado en un mismo buque, como de mercancías de grupaje que se deberían consolidar previamente. Y, todo ello, en una operación casi instantánea, reduciendo la posibilidad de errores que podrían surgir de un proceso manual, e incrementando la eficiencia operacional al dedicar menos recursos/hora para planificar y gestionar.

Esta eficiencia en la gestión de las operaciones ofrece sus mejores resultados cuando se manejan importantes volúmenes de carga, que permiten unas economías de escala ajustadas a los rangos tarifarios que se negocian con las empresas transportistas.

La automatización en la planificación de las órdenes de transporte también permite el tratamiento de las cancelaciones que se produzcan y de sus replanificaciones. Un porcentaje significativo de expediciones han de ser canceladas para volver a planificarse.

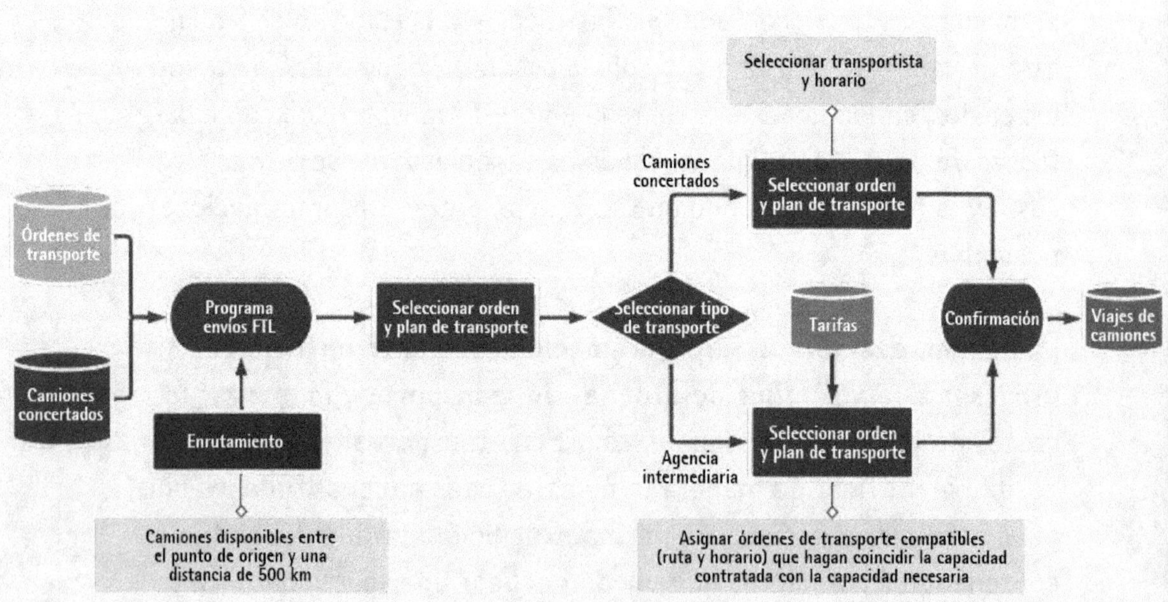

Figura 1.5. Esquema de la planificación de una expedición FTL.

Una causa recurrente es que la mercancía no está disponible para ser expedida en el momento en que el camión se presenta para su recogida. Tener la seguridad de que la replanificación puede hacerse de manera automatizada, además de evitar tensiones, permite ahorrar recursos, mantener la productividad y dedicar el tiempo a gestionar procesos que aporten valor.

Lo más común en la programación de cada envío es que en la operativa intervenga más de un modo de transporte. Para el caso de un contenedor, por ejemplo, el sistema definirá primero cuál es el puerto más adecuado para el punto de origen del envío y cuáles son los buques que operan en él, con la opción de horario de salida más cercana en el tiempo. Ese puerto puede estar, muy posiblemente, a cientos de kilómetros del punto de recogida. Si la terminal portuaria dispone de buenas conexiones intermodales, incluso es posible que una línea ferroviaria la conecte con la terminal de contenedores de un puerto seco. Pero muy probablemente también será necesario concertar que un camión completo (FTL) efectúe la recogida del contenedor para su traslado a la terminal.

El enrutamiento

La operación para enlazar el trasbordo de una carga de un modo de transporte o de un vehículo a otro es lo que conocemos como enrutamiento. En este caso, un TMS tiene la capacidad de proponer las compañías transportistas con disponibilidad de vehículos en las proximidades de los puntos de recogida en origen y en la terminal de destino, hasta completar la ruta de la expedición. Además, puede considerar otros criterios de disponibilidad predefinidos, como aprovechar el retorno de un camión, que el vehículo no esté operando en aquel momento o que se encuentre realizando algún mantenimiento.

En operaciones de transporte por carretera, un TMS puede definir desde una simple ruta de punto a punto, hasta recorridos mucho más complejos. Por ejemplo, donde intervengan diversos vehículos y puntos de recogida, con la entrega en un almacén de consolidación, y su expedición hacia otro de desconsolidación para que los envíos sean reexpedidos a su destino final (véase la figura 1.6). Incluso una funcionalidad específica está diseñada para programar rutas y puntos de entrega para operaciones diarias, asociada con camiones y horarios específicos que minimice el número de desplazamientos *(logística milk round)*.

Una interfaz permite crear órdenes de transporte con toda la información necesaria y asignar cada orden a un medio de transporte, que puede ser camión, vagón, contenedor o buque, conforme este se

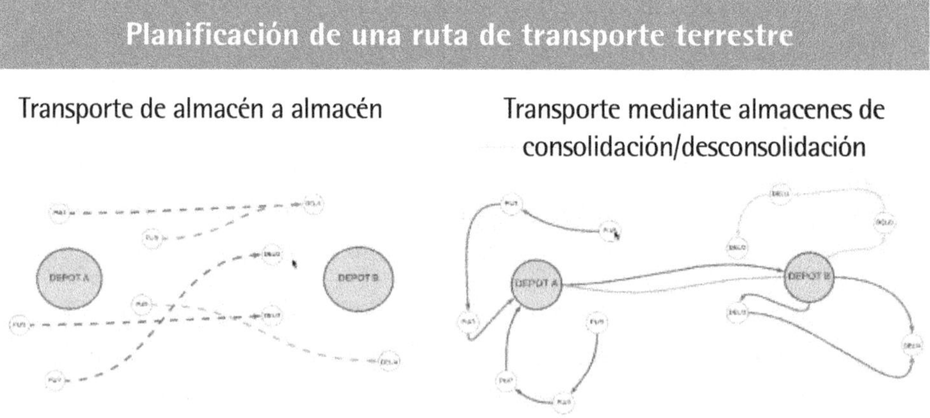

Figura 1.6. Ejemplo de desarrollo de una ruta de consolidación de cargas con diversos puntos de recogida y entrega, utilizando dos almacenes intermedios.

encuentra disponible en un determinado radio de kilómetros. En definitiva, esta funcionalidad permite gestionar la capacidad de los vehículos y los horarios del personal conductor, así como asignar los recursos y equipos de carga y descarga a los pedidos, con soluciones app para la gestión de estas operaciones y las rutas de transporte correspondientes.

El *tender*

Es relativamente frecuente que resulte inviable solventar la necesidad de un transporte de mercancías con los proveedores habituales. Cuando eso ocurre, un proceso de tender permite recabar y recibir propuestas de empresas transportistas o de profesionales independientes que resuelvan esa necesidad puntual. El precio siempre es importante, pero, en este caso, lo fundamental es estar a la altura de las necesidades de la carga que se ha de transportar y de los requerimientos que se especifiquen para llevar a cabo el servicio.

Lo más habitual para lanzar un tender han sido, tradicionalmente, utilizar los procedimientos manuales, mediante formularios de solicitud con los requisitos para realizar el transporte, el envío de correos electrónicos a una selección de transportistas y el apoyo de muchas llamadas telefónicas para concretar los pormenores.

Sin embargo, la digitalización ha dado un vuelco a estos procedimientos. Un TMS incorpora una funcionalidad *tender,* con el resultado de que esta modalidad de licitaciones se aborda ahora a través de flujos integrados de subcontratación.

Desde esta funcionalidad se emiten las solicitudes de *tender* a una selección de proveedores de transporte previamente registrados.

Esta operación puede ser manual o empleando la herramienta de selección automática de proveedores, que utiliza algoritmos para seleccionar los transportistas más adecuados para la solicitud de licitación.

Las cotizaciones de cada uno de ellos, especificando los detalles de la oferta, se reciben en la propia aplicación, que permite su registro y una elección manual o bien activar una selección automática de las ofertas que mejor se adaptan a los requerimientos. Esto agiliza y simplifica el proceso de licitación, y todas las licitaciones quedan incorporadas de manera automática en la base de datos del sistema.

Tras comparar las diferentes ofertas y haber seleccionado la más adecuada, también será posible analizar qué transportista ofrece habitualmente mejores precios, y estudiar qué propuestas se le pueden hacer para optimizar la relación con él.

Con todo, una vez seleccionada la oferta, el procedimiento exige coordinar con precisión entre el proveedor del transporte y el punto de destino o cliente final las cuestiones relativas al momento de llegada de la mercancía, y la disponibilidad del almacén para su recepción y descarga.

Por otro lado, la funcionalidad tender en un TMS integrado con un sistema de seguimiento y localización de envíos permite monitorear y gestionar el proceso de cada envío desde la contratación con el proveedor hasta la entrega final.

La última milla

La necesidad de mayor precisión en la planificación de rutas de transporte se acrecienta conforme nos aproximamos a la última milla. El *software* de optimización de rutas de un TMS permite planificar las entregas en función de informaciones relevantes, como las ventanas horarias o de entrega, las ubicaciones o las restricciones de peso o tamaño. Así se pueden seleccionar aquellas rutas que van a ser más rápidas, más económicas, teniendo en cuenta el consumo de combustible y la posibilidad de que existan peajes, y las ecológicamente más sostenibles (véase la figura 1.7). La digitalización del proceso nos facilita así integrarnos con proveedores de información cada vez más relevante, o capturar nosotros mismos esta información en el punto más cercano a la ejecución.

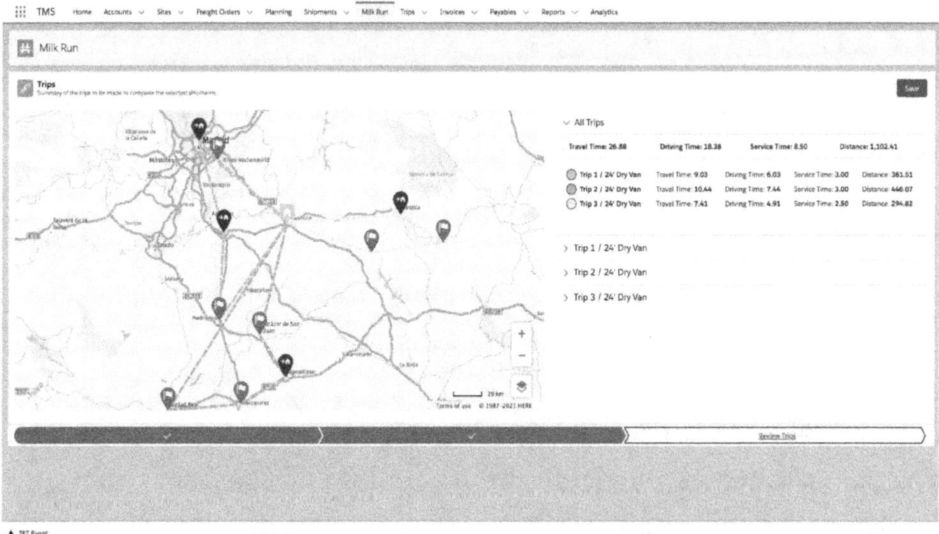

Figura 1.7. Planificación de una ruta periódica y puntos de entrega en la última milla.

Esta funcionalidad opera en tiempo real y en comunicación con el personal conductor, de modo que es posible redirigir el itinerario de los vehículos dependiendo de las condiciones del tráfico. E incluso realizar desviaciones en el trayecto en el caso de averías, recogidas de última hora o cancelaciones inesperadas.

Optimizar la capacidad de carga

Siempre nos conviene optimizar la capacidad de carga de los vehículos y de las unidades de transporte de carga (UTC). Y un TMS posee un *software* específico para esta operación (véase la figura 1.8). Al disponer de la información de todas las órdenes de transporte que han de ser cargadas, esta acción pueda hacerse dando prioridad a alguna de estas opciones:

- Estibar los bultos en los vehículos y las UTC en función de la secuencia de entregas.

- Distribuir las cargas e incluso su apilamiento y sujeción según la naturaleza de la mercancía, su orientación, las recomendaciones respecto a su peso y la capacidad de carga del vehículo.

- Realizar una segregación de los bultos en función de cómo deben ser descargados y almacenados posteriormente.

La importancia de una estiba y sujeción adecuadas no solo afecta a la operativa en el muelle de carga y en las entregas, sino que influye muy directamente en la seguridad de las mercancías y del vehículo de transporte en ruta. Más del 50 % de los accidentes en el transporte por carretera tiene su origen en una estiba defectuosa.

No se trata solo de llenar vehículos o UTC al máximo de su capacidad, sino de hacerlo mediante operaciones seguras, eficientes y que eviten incidentes.

No conviene olvidar que la ley de Pareto también alcanza a la planificación de las operaciones. Existe un 80 % de órdenes de transporte que puede automatizarse con resultados óptimos. Pero un 20 % necesita una atención especial. Es el caso, por ejemplo, de las cargas de materiales peligrosos, las de dimensiones que exceden las de una carga convencional, o las que se han expedido desde un país al que se aplica algún tipo de restricción. La automatización permite que mientras el sistema trabaja para resolver de manera automática todo aquello que es «normal» (el 80 %), las personas se ocupan de

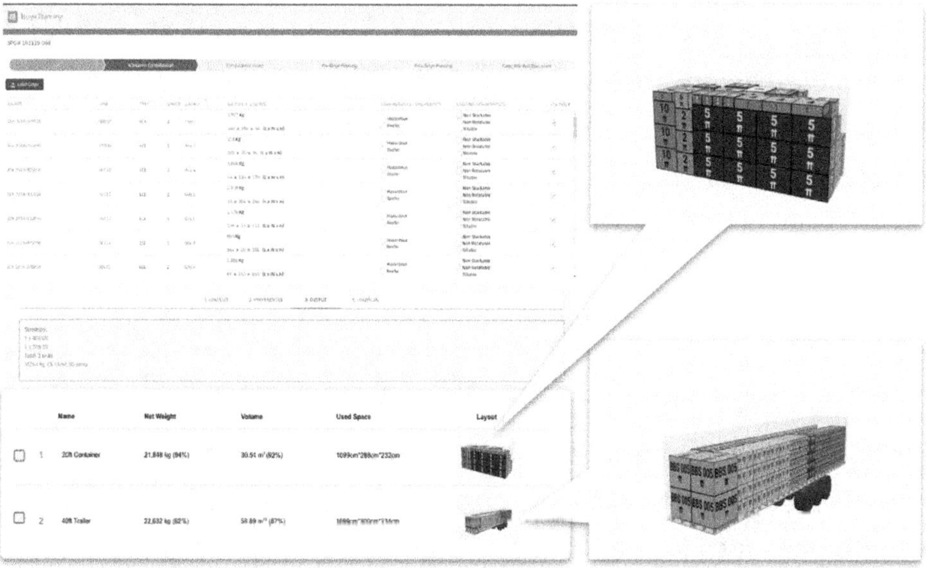

Figura 1.8. Herramienta para la optimización de la operación de llenado de una unidad de transporte de carga (UTC).

aquello otro que necesita una serie de toma de decisiones (el 20 %).
Se da así cumplimiento a una norma de la inteligencia empresarial y
a un principio en el diseño de los sistemas automatizados, como es la
«gestión por excepciones».

**Al finalizar un proceso de planificación de órdenes de transporte,
podemos evaluar la capacidad de carga conseguida,** determinar
la necesidad de comunicar al cliente posibles cambios, y tener
una estimación sobre el grado de cumplimiento de los compromisos
adquiridos.

> "La estiba y sujeción de la carga influye directamente en la seguridad de las mercancías y del vehículo de transporte.

Posteriormente, una vez realizadas
las entregas reales en los puntos
de destino, podemos utilizar dos
indicadores clave para conocer el nivel de eficacia y eficiencia
alcanzados. Uno es el OTIF (siglas de *on time-in full)*, con el que se
mide la entrega del producto correcto a tiempo. El otro indicador es
el índice del desempeño del costo (CPI, siglas de *cost performance
index)*, para medir el grado de eficiencia del costo de una operación en
relación con el precio facturado.

El monitoreo

Sin salir de la misma solución TMS, la integración con un sistema
avanzado de seguimiento y localización de envíos (T&T) nos permite
monitorear todos los embarques planificados: los que van a viajar
en los próximos días, los que están en tránsito y los que se han
completado porque ya han llegado a su destino (véase la figura 1.9).

Esta integración con un T&T proporciona un mapa visual e interactivo donde se ve el progreso y el estado de los envíos, en tiempo real. Además, permite visualizar tableros de control, informes y gráficos con las órdenes de transporte según los parámetros que filtremos en cada momento: empresa transportista, estado, origen o destino, tipo de carga, alertas predefinidas u otros criterios. Y todo ello con independencia del modo de transporte que se esté utilizando, porque se trata de un sistema de seguimiento y localización multimodal.

Esta capacidad de acceso a información actualizada confiere a los agentes de la cadena de transporte un mayor control, autonomía y capacidad de gestión sobre las operaciones, desde su inicio hasta que las mercancías se han entregado, es decir, de extremo a extremo. Esto ayuda a resolver un sinnúmero de necesidades en la actividad diaria de los equipos de operaciones de las empresas transitarias, cargadoras o transportistas.

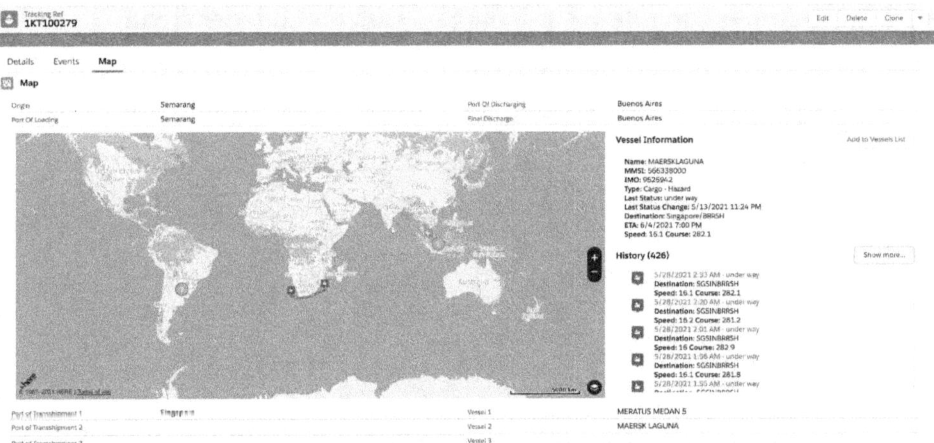

Figura 1.9. Mapa visual e interactivo para el seguimiento de las órdenes de transporte, en tiempo real.

Esta solución integrada de seguimiento y localización también ofrece una funcionalidad de notificaciones y alertas automatizadas que nos informan de cualquier evento o variación que suceda. Es decir, recibiremos una notificación siempre que se cumpla un evento o una previsión relacionada con un envío. Por ejemplo, el sistema facilita información del momento previsto de llegada o ETA (siglas de *estimated time of arrival)*, lo que supone un beneficio para la planificación y ejecución de actividades posteriores.

Del mismo modo, cuando se produce una desviación respecto a las previsiones, o si tiene lugar una situación crítica o de riesgo en un envío, recibiremos una alerta. Por ejemplo, por un desvío en la ruta prevista, o porque hayamos sobrepasado la fecha límite de recogida de un contenedor en la terminal portuaria, lo que supone incurrir en un sobrecosto.

Las notificaciones y alertas automatizadas hacen posible la gestión por excepciones, una de las principales funcionalidades de un sistema de seguimiento y localización. De este modo, los equipos de operaciones pueden concentrarse en aquellos sucesos que presentan problemas, desviaciones o situaciones inesperadas que requieren atención, lo que supone un uso más eficiente del tiempo y los recursos.

Las operaciones de almacén

Las operaciones de transporte están inevitablemente vinculadas a los procesos de almacenamiento y el inventario de las mercancías que han de trasladarse de un punto a otro.

La digitalización se ha desarrollado en este ámbito a través de sistemas de gestión de almacenes o WMS (siglas de *warehouse management system)*. Se trata de soluciones digitales que pueden utilizarse para una gran diversidad de tipologías de almacén, en función del servicio que prestan, como central, de depósito, aduanero, de tránsito, de distribución, o regulador.

Aquí vamos a referirnos a los sistemas de almacenamiento intermedio o de tránsito. Se trata de almacenes que pueden encontrarse situados en diferentes puntos de una cadena de transporte, y que pueden estar gestionados por una empresa transitaria o por la propia empresa cargadora, si es esta la que gestiona los servicios de transporte.

En cualquiera de los casos, en muchas ocasiones, se va a precisar este tipo de almacenes para hacer la consolidación de la mercancía que se va a transportar (véase la figura 1.10). Este almacén también puede actuar como regulador de los flujos de mercancías en la planificación de las entregas.

Un TMS puede integrarse con un sistema de gestión de almacén. Permite gestionar las existencias con el máximo nivel de detalle, realizar el seguimiento de los productos y automatizar los procesos de preparación de órdenes de recepción, almacenamiento y despacho de productos, de modo que se eviten errores de entradas manuales. Con ello se puede realizar el seguimiento de los servicios planificados, los servicios facturados y los costos totales por fecha, cliente o cualquier otra variable prevista.

Al trabajar ambos sistemas sobre una misma interfaz, se puede acceder a una u otra aplicación sin salir del entorno, lo que reduce la posibilidad de errores, y se facilita una comunicación

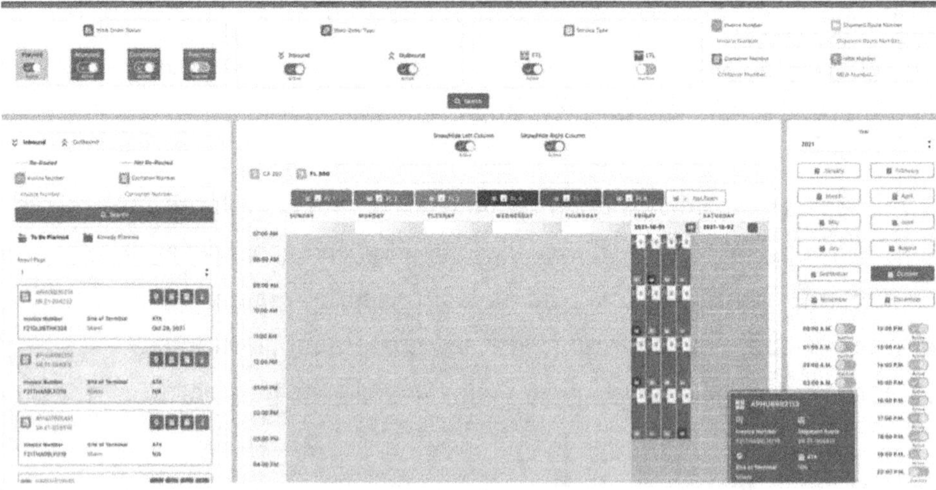

Figura 1.10. Interfaz de un calendario para la planificación de la recepción de mercancías en una red de almacenes.

transparente entre los departamentos de una organización.
El personal de operaciones puede aportar indicaciones sobre,
por ejemplo, cuándo una mercancía debe paletizarse o los
requerimientos para su estiba; o el departamento de servicio al
cliente puede pasar al almacén indicaciones transmitidas por este
sobre el tratamiento que ha de recibir una determinada carga.

**Un WMS es una herramienta muy eficaz para ejecutar
operaciones de reexpedición *(cross docking).*** En su integración
con un TMS, mediante órdenes específicas de *cross docking*, es
posible programar y optimizar la coordinación de medios de
transporte disponibles. Por ejemplo, podemos conocer cuál es
el vehículo en el que llegan unas mercancías (asociadas a unas
órdenes de transporte) para su descarga en la plataforma o muelle
de un almacén y cuál es el vehículo en el que va a partir.

A través de un WMS se identifican los envíos en la puerta de recepción, se clasifican y se indica a qué otra puerta han de pasar para su consolidación y embarque con otras mercancías con las que comparten un destino común. Todo ello procesando a la vez múltiples órdenes de transporte y en tiempos mínimos de trabajo.

Esta integración TMS-WMS también permite programar las tareas que deba desarrollar cada equipo de trabajo en un almacén. Esto puede aplicarse, por ejemplo, entre las órdenes de recogida de un contenedor en una terminal, y la recepción de la mercancía que transporta dicho contenedor en un almacén. Todo puede calendarizarse, de modo que en una sola pantalla se visualice y gestione el conjunto de almacenes o áreas de almacenamiento de la empresa, con sus existencias globales y la previsión de flujos de mercancías que van a ser recepcionadas o expedidas (véase la figura 1.11).

Un WMS también puede estar integrado con un sistema de seguimiento y localización. Este es un aspecto importante y diferencial, porque de este modo se integran detalles de la mercancía en tránsito que no estarían disponibles en sistemas aislados. Así, un TMS no solo informa de la disponibilidad de mercancía en tránsito, sino que actualiza datos relevantes como paradas, retrasos, incidencias, etc., que permiten evaluar con la máxima precisión la fecha y el lugar de una potencial disponibilidad de las mercancías.

Para la operativa de un almacén, es esencial la programación de los recursos técnicos y los equipos de trabajo necesarios para la recepción y expedición de mercancías. Especialmente, para atender la llegada de camiones con sus cargas. Por ejemplo, cuando se trata de un contenedor que ha de llegar a un almacén y se debe programar su desconsolidación.

Cuando lo que se gestiona es el almacenamiento de contenedores, se puede disponer de una funcionalidad específica para la gestión de patios o playas de contenedores en terminales portuarias, por ejemplo. Con esta aplicación se puede planificar el acceso de los camiones para la retirada de los contenedores y reducir sus tiempos de estancia en los depósitos. El seguimiento de los tiempos de permanencia históricos y los retrasos de los vehículos permite identificar qué transportistas ofrecen un mejor rendimiento. Una interfaz de esta funcionalidad ofrece una información visual de la ocupación del patio con los detalles

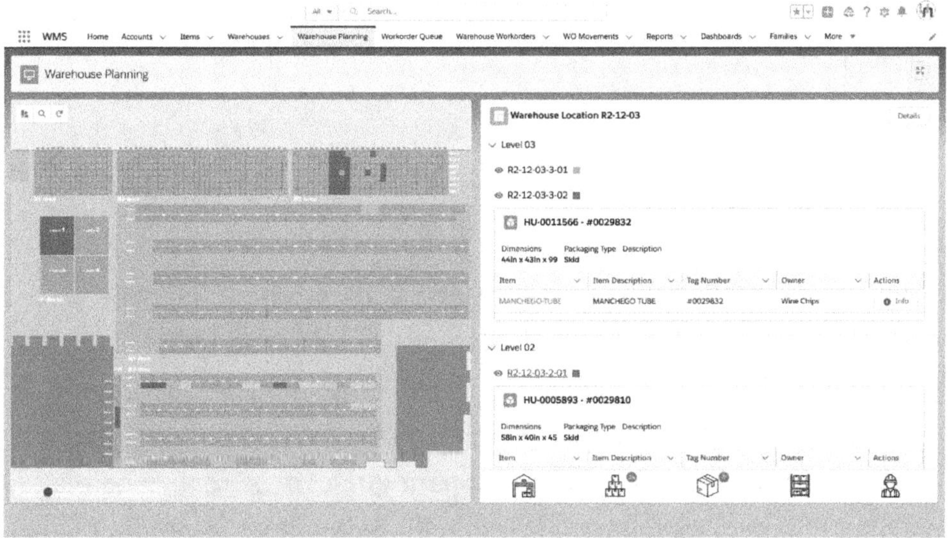

Figura 1.11. Interfaz para la planificación de las ubicaciones en un almacén.

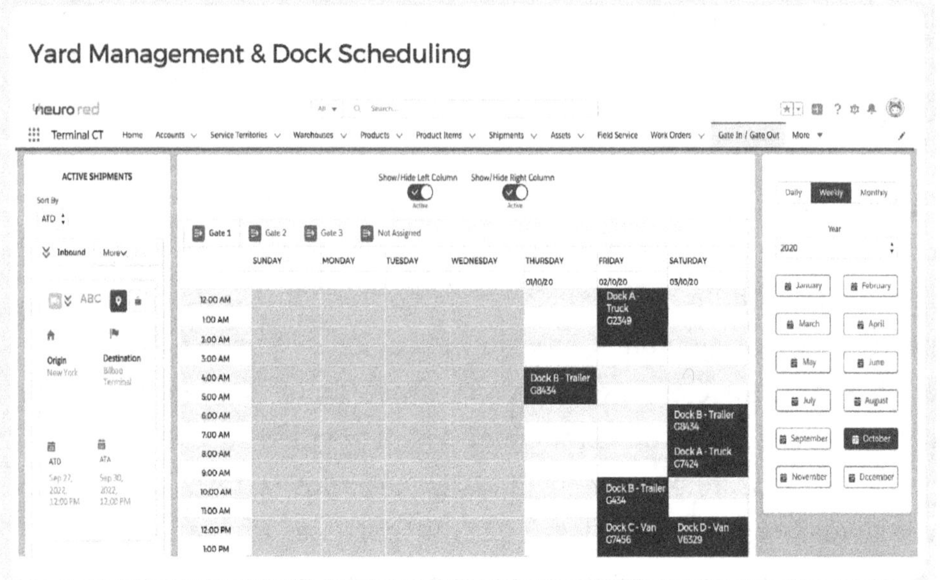

Figura 1.12. Interfaz para la gestión del almacenamiento de patios de contenedores.

necesarios para la gestión del tráfico de cada contenedor (véase la figura 1.12).

Gestión de equipos y tareas

Mediante un WMS sabemos dónde está cada producto en cada momento, lo que minimiza el tiempo que el personal dedica a localizar existencias. Y no solo eso. También podemos saber dónde está cada elemento de manutención, con lo que podemos asignar a cada operación el equipo adecuado para que esta se realice con la máxima eficiencia y seguridad. Todo ello redunda en la productividad del almacén.

Un WMS es una herramienta imprescindible para la automatización de tareas, desde la recepción y asignación de ubicación en el almacén, hasta la preparación de pedidos y su embalaje y expedición. Toda esta operativa puede ordenarse como flujo de trabajo, que se calendariza y asigna a equipos o personas específicas.

> "La integración TMS-WMS sirve para programar las tareas de cada equipo de trabajo en un almacén.

El registro de estas operaciones permite hacer un seguimiento de la productividad, por equipos y personas, de manera que sea posible evaluar su rendimiento y asignar tareas de forma más efectiva.

La interfaz de un WMS para la planificación del almacén también es una herramienta que facilita la comunicación entre el almacén y otras áreas de la empresa, particularmente las relacionadas con la gestión del transporte. Esta integración facilita la coordinación de los equipos y evita errores y la duplicidad de trabajos.

Otras funciones de un TMS

Generar y almacenar documentos

Un sistema de gestión del transporte está diseñado para generar, enviar, compartir y almacenar todo tipo de documentos relacionados con la gestión del transporte en cualquiera de sus modos. Una biblioteca con los documentos clasificados permite acceder a estos desde cualquier dispositivo, local o remoto, e incluso ser descargados por los clientes finales mediante una interfaz personalizada.

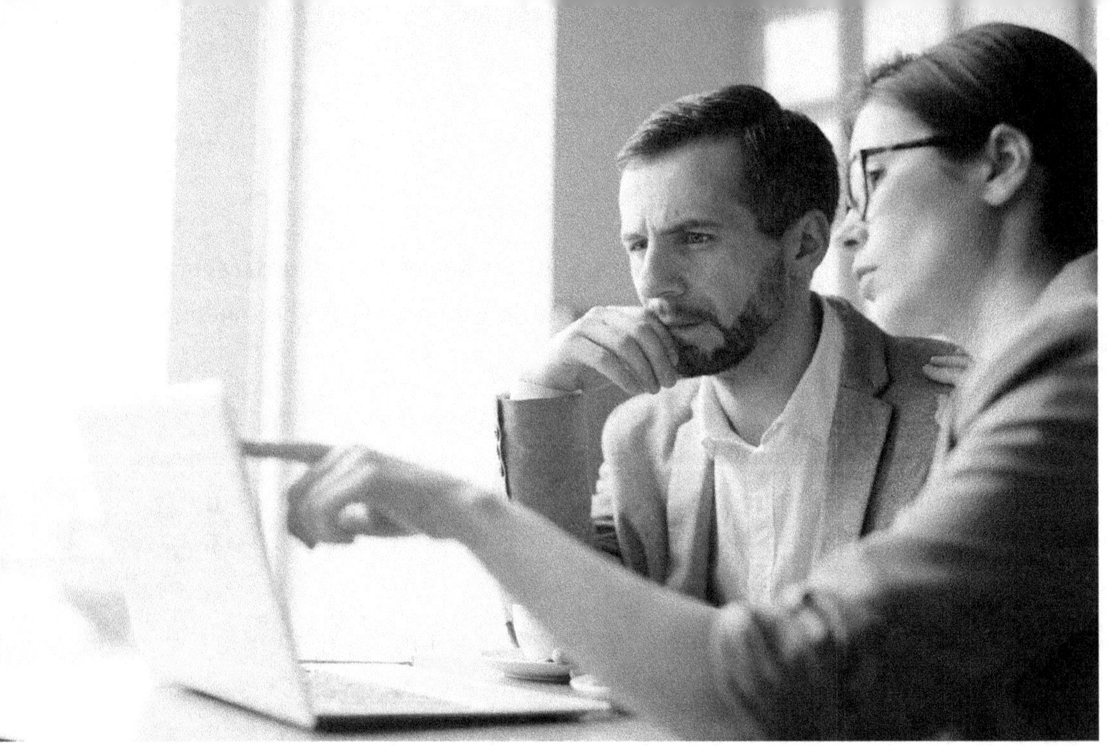

Desde el punto de vista de la gestión documental, la integración de TMS + WMS consigue que una vez definido el contenido de un documento maestro, como una orden de compra, dicha información va a ser utilizada y se va a transmitir a lo largo de toda la cadena de transporte con la creación de nuevos documentos. Este contenido se va a reflejar en la orden de transporte, la orden de almacén, la lista de contenido, el conocimiento de embarque, la factura, etc. Incluso puede personalizarse con los elementos corporativos de la empresa emisora.

Integración con TransFollow de la IRU

Los sistemas de gestión de transporte más avanzados en su digitalización proveen de integraciones predefinidas con proveedores como TransFollow, una plataforma desarrollada por la International Road Transport Union (IRU).

TransFollow ofrece una solución innovadora y eficiente para la gestión de documentos de transporte electrónicos y el seguimiento en tiempo real de la mercancía en la cadena de transporte. Es accesible desde cualquier dispositivo, lo que facilita su utilización por el personal conductor de las empresas transportistas, que también pueden capturar firmas digitales, fotografías de entrega y tomar notas para resolver observaciones y posibles incidencias del destinatario en la recepción de una mercancía.

Esta plataforma permite la generación, firma y gestión de los documentos de transporte electrónicos, lo que simplifica y agiliza los procesos administrativos en el transporte internacional. El documento de porte electrónico o eCMR permite que el personal conductor y las empresas transportistas puedan emitir, almacenar e intercambiar información de manera segura gracias al registro de datos en cada momento (véase la figura 1.13).

Figura 1.13. La tecnología de TransFollow con eCMR es accesible desde cualquier dispositivo.

La utilización de esta tecnología también simplifica el proceso de despacho de aduanas, que se puede iniciar inmediatamente después de la firma electrónica del documento de transporte, sin depender del intercambio de documentos físicos. A su vez, los documentos eCMR actúan como prueba confiable ante cualquier organismo oficial y previenen de posibles incidencias y litigios.

Integración con el sistema contable

La posibilidad de generar facturas comerciales se puede complementar con la integración automatizada con el propio sistema de contabilidad de la compañía.

Además de la generación automática de apuntes contables, la integración puede ir incluso un paso más allá a través de un portal específico, con funciones adaptadas a las necesidades de un conjunto de usuarios. La configuración de un portal de usuarios permite que los clientes finales accedan, a través de una aplicación personalizada, a la factura generada por el proveedor de servicios, facilitando la programación de los pagos y, por tanto, la gestión financiera de las operaciones.

El portal de usuarios

Un conjunto de empresas organizadas en torno a un portal es un espacio de colaboración entre los agentes de una cadena de suministro. A través de un portal de usuarios, tanto empresas proveedoras como clientes pueden dar un importante paso adelante en la digitalización de sus procesos.

Los recursos de esta funcionalidad están diseñados para ofrecer experiencias personalizadas y escalables, que permiten una comunicación ágil y segura entre la empresa proveedora de servicios logísticos y quienes los contratan.

También son igualmente útiles para empresas productoras, exportadoras o importadoras, que manejan elevados volúmenes de productos. En este caso, podrían formar parte del portal de usuarios tanto la propia empresa productora, como sus transportistas y sus clientes.

Por medio de un portal de usuarios, las empresas pueden compartir información de aspectos muy diversos, empezando por el propio inventario de productos disponibles. ¡Se acabaron los correos urgentes preguntando por la disponibilidad de un determinado producto! La pertenencia a un portal de usuarios nos ahorra tiempo y esfuerzos mutuos.

La información compartida puede abarcar también la creación de órdenes de compra (o de venta, si es visto desde la propia empresa proveedora), la programación del transporte o el estado de los envíos. Incluso se pueden compartir documentos, como los de transporte o los aduanales, así como los documentos contables que se van generando a lo largo del proceso, o los informes de analíticas que ayudan a tomar decisiones informadas.

Una de las funcionalidades más notables es la de un sistema de seguimiento y localización multimodal. Todas las empresas

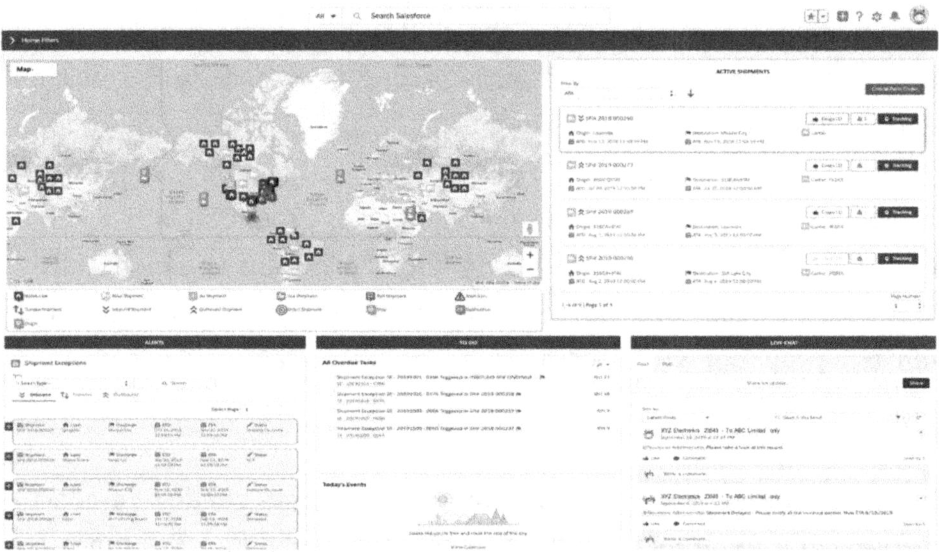

Figura 1.14. Mapa con la posición de los envíos a través de un portal de usuarios.

vinculadas a un portal de usuarios pueden acceder a visualizar el rastreo de sus envíos (véase la figura 1.14), de manera que el cliente puede saber en todo momento la respuesta a «dónde está mi mercancía y cuánto tardará en llegar», bien a través de mapas de seguimiento o bien accediendo al registro del envío.

En el registro de dicho envío (véase la figura 1.15), el cliente hallará el detalle de todos los eventos acaecidos a lo largo de la cadena de transporte. Por ejemplo, en qué fecha fue expedido un determinado contenedor y cuándo se cargó en el buque. O, si ha habido un transbordo, cuándo se ha producido, cuánto ha durado, y si existe o no un retraso.

> **"**Un portal de usuarios es un espacio de colaboración entre los agentes de una cadena de suministro.

Un portal de usuarios también es sumamente útil para compartir información sobre mercancías peligrosas o especiales entre todos los agentes de una cadena de suministro. En este caso, se convierte en una importante herramienta para incrementar la seguridad en el movimiento y la manipulación de este tipo de cargas. El transporte de cargas críticas requiere procedimientos específicos y está supeditado a normativas internacionales sumamente exigentes, con lo que es de vital importancia que toda la información sobre el manejo de las cargas sea veraz, completa y de acceso inmediato.

En el caso de la importación de un contenedor por vía marítima, una vez que este se encuentra en la terminal, desde un portal de usuarios se puede organizar su traslado a un almacén para su desconsolidación y, a continuación, el envío de la carga con camiones a sus destinos finales. Incluso se puede planificar una ruta con varios puntos de destino, a un solo cliente o a diferentes clientes, considerando las características de la mercancía, su tipología (LTL, FTL) o la capacidad de los vehículos. En el caso de entregas a diferentes clientes, cada uno de ellos podrá también tener acceso a la visibilidad sobre los envíos que le correspondan.

Podemos ver y crear fácilmente reportes sobre el volumen de tráfico en función de la zona, por tipología de envío, por destino o fecha de llegada, o por modo de transporte utilizado. Mediante una calendarización fácilmente programable y reconfigurable, el portal de usuarios vuelve a facilitar la sincronización entre la empresa transportista y la cargadora. La agilidad en la comunicación permite

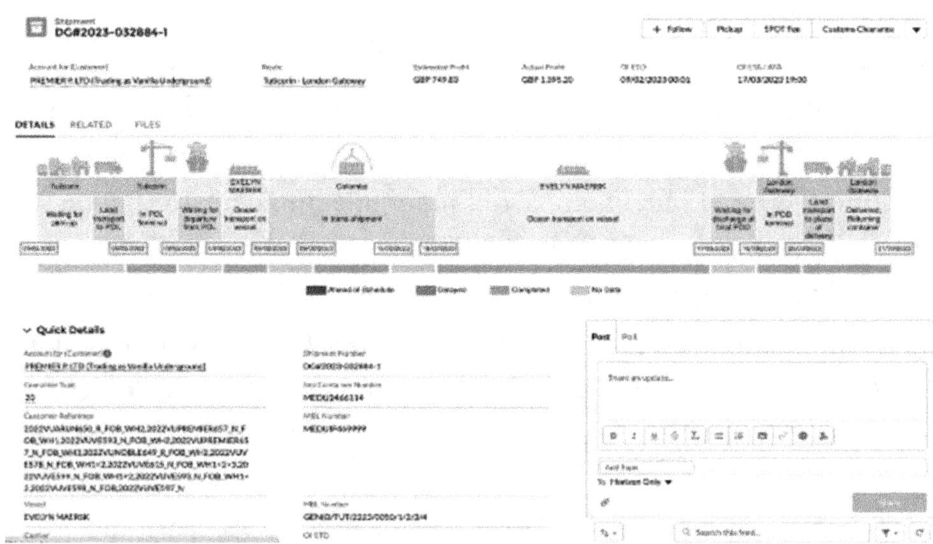

Figura 1.15. Visualización de los diferentes pasos y eslabones de un envío con actualización del estado en tiempo real y de posibles incidencias a través de un portal de usuarios.

evitar, por ejemplo, no incurrir en sobrecostos de estadía en la terminal de contenedores.

La interfaz del calendario de envíos del portal muestra una vista general de todas las expediciones programadas, con filtros por diferentes criterios, como el cliente, el transportista, el estado del envío o el tipo de carga. Asimismo, permite a los usuarios gestionar el plan de envíos y actualizar o modificar los datos que hacen referencia a una orden de transporte determinada.

¿Y qué hay de los aranceles? Como sistema de apoyo a la gestión del comercio internacional, otra funcionalidad de un TMS dirigida al cliente final permite agilizar significativamente la planificación de una importación o exportación y saber en qué medida van a repercutir los eventuales aranceles en el valor de una mercancía objeto de compraventa internacional. En un TMS se integran también proveedores de datos aduaneros y de aranceles de todos los países del mundo, lo que facilita conocer en cualquier momento cuál será el costo del arancel en función del tipo de producto, los países de origen y destino, y el valor original de la mercancía. Adicionalmente, el sistema también aporta información de posibles restricciones o prohibiciones que puedan existir sobre la mercancía a importar.

Como vemos, este conjunto de herramientas hace realidad la colaboración en la programación y ejecución de las operaciones logísticas y el seguimiento de los envíos entre los agentes de una cadena de suministro.

Para facilitar esa relación colaborativa, sin tener la necesidad de recurrir a una secuencia engorrosa de correos electrónicos, cada persona usuaria puede, en cualquier punto del sistema, entablar conversaciones con otros miembros del portal a través de un chat interno, lo que facilita la comunicación y el trabajo en tiempo real.

Un portal de usuarios como el que describimos está desarrollado sobre la base de la plataforma Salesforce, lo que le confiere una gran flexibilidad, autonomía y capacidad para la creación de flujos de trabajo. Este tipo de portal es fácilmente configurable por el equipo administrador, sin necesidad de que esté constituido por personal técnico, y es totalmente personalizable para cada usuario final.

La gestión del transporte de graneles

El transporte de graneles ocupa un volumen importante del comercio mundial de mercancías. De esa relevancia se deriva que el movimiento de esta tipología de productos requiera un *software* específico, un «sistema digital para la gestión del transporte de graneles», que vamos a tratar en este apartado.

El granel es una de las características físicas esenciales que puede poseer una mercancía. Y según su naturaleza, los graneles pueden presentarse en estado líquido, sólido (seco o húmedo) o gaseoso, pero siempre con una constante: en su origen y cuando viajan están sin envasar, ni empaquetar o embalar.

Generalmente, el granel es la forma en que se presentan las materias primas que se incorporan a un proceso productivo o de transformación. Se trata, por tanto, de materiales relacionados con el sector primario de las actividades económicas. Estos factores inciden

en que en el transporte de graneles se muevan grandes cantidades de materiales en cada operación y que se requiera una logística muy distinta de, por ejemplo, cuando se trata de mercancías que se pueden unitizar y transportar en contenedor.

La logística del comercio de graneles se desarrolla, fundamentalmente, a través del transporte marítimo. Para ello existen todo tipo de buques diseñados para acoger los diferentes tipos de mercancías. Básicamente, podemos diferenciar entre los buques petroleros, dedicados al transporte de petróleo crudo o graneles líquidos derivados del petróleo, y los buques graneleros, destinados al transporte de carga seca, como granos, minerales, fertilizantes o madera, entre otros productos. Y también los hay especializados en el transporte de gases licuados, graneles líquidos o sustancias químicas.

Cuando la necesidad de transportar grandes volúmenes de mercancías se multiplica por un gran número de operaciones, da como resultado que la disponibilidad de buques graneleros puede ser un factor crítico para las empresas que gestionan este tipo de transportes.

Pero, además de buques específicos, cada tipo de producto precisa de terminales portuarias acondicionadas para su operativa de carga y descarga. Este hecho preconfigura en gran medida las redes logísticas capaces de servir de apoyo a las cadenas de suministros de graneles de ámbito internacional.

La contratación de buques graneleros

La utilización de buques graneleros se resuelve mediante su fletamento, en donde intervienen dos figuras clave: el fletante y el fletador. El primero es, por lo general, una empresa naviera que dispone de un buque que cede a cambio de un flete, suscribiendo con la empresa fletadora un contrato de fletamento (véase la figura 1.16).

Los contratos de fletamento pueden suscribirse, básicamente, por viaje o por tiempo. Es algo similar a decidir la movilidad que hemos de contratar en vacaciones. Hay que decidir entre ir combinando autobuses que tienen su propio itinerario, tomar taxis para cada traslado o alquilar un automóvil. Probablemente, lo que queremos es realizar distintos recorridos para conocer una región. Si es así, seguro que nos interesa más alquilar un vehículo, cargar nuestro equipaje, poner gasolina cuando sea necesario y gestionar directamente los traslados.

En el transporte de graneles, casi con seguridad que, para adaptarnos a las características de los envíos, vamos a descartar los buques graneleros de línea regular y a optar por las opciones de buques *tramp*, que no tienen un itinerario fijo. En la contratación de fletamentos *tramp*, podremos optar por hacer un contrato para cada viaje que se programe o la de fletamento por tiempo. En ambos casos son contratos de cesión del uso, y no de arrendamiento. La naviera no pierde ni la posesión ni la gestión náutica del buque, y tanto el capitán como la tripulación seguirán siendo sus dependientes. Ahora bien, como fletadores gestionaremos comercialmente todo lo relacionado con la carga y su transporte.

Un sistema digital para la gestión del transporte de graneles dispone de un buscador de embarcaciones avanzado para localizar un buque que pueda adaptarse a una u otra opción. Mediante esta herramienta es posible obtener el estado en tiempo real de cualquier embarcación en el mundo. Esto permite localizar embarcaciones

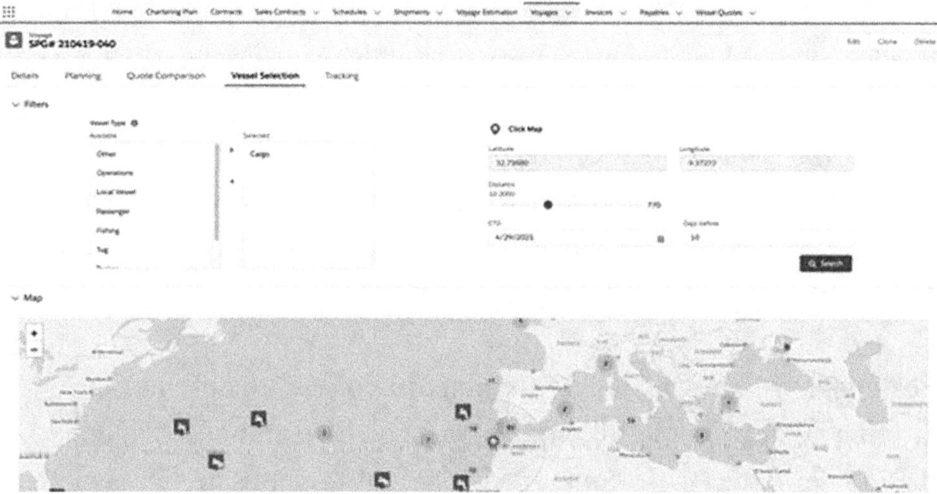

Figura 1.16. Interfaz del buscador de buques de un sistema para el transporte de graneles.

inactivas en las proximidades del puerto de carga previsto y negociar los mejores fletes.

> La disponibilidad de buques graneleros puede ser un factor crítico para las empresas que gestionan este tipo de transportes.

Si lo que necesitamos es un transporte puntual de un puerto a otro, lo más sencillo es contactar directamente con una naviera que opere en la modalidad de fletamentos por viaje o *spot,* o bien con un bróker para que él se encargue de localizar el buque y el flete más adecuados. En cualquier caso, la negociación de este contrato de fletamento será en función de la oferta que exista en cada momento, que estará sometida muy directamente a las oscilaciones del mercado.

Pero si ya sabemos que nuestra actividad va a ocupar un volumen significativo de carga, y que su duración va a precisar un transporte marítimo exclusivo durante un cierto periodo de tiempo, la balanza puede inclinarse hacia un contrato de fletamento por el período que duren las operaciones. El flete se calcula de acuerdo con el tiempo y no con los viajes que se realicen o con las mercancías que se transporten. Esta opción, no obstante, requiere una mayor planificación en las operaciones, manejar los costos de combustible, entre otros, y más trabajo para los equipos de operaciones.

Sea cual sea la modalidad de fletamento por la que optemos, un sistema de gestión digital para el transporte de graneles dispone de una herramienta de comparación de cotizaciones de fletes que resulta sumamente útil (véase la figura 1.17). Mediante sus filtros, podemos comparar los fletes ofertados por las empresas navieras

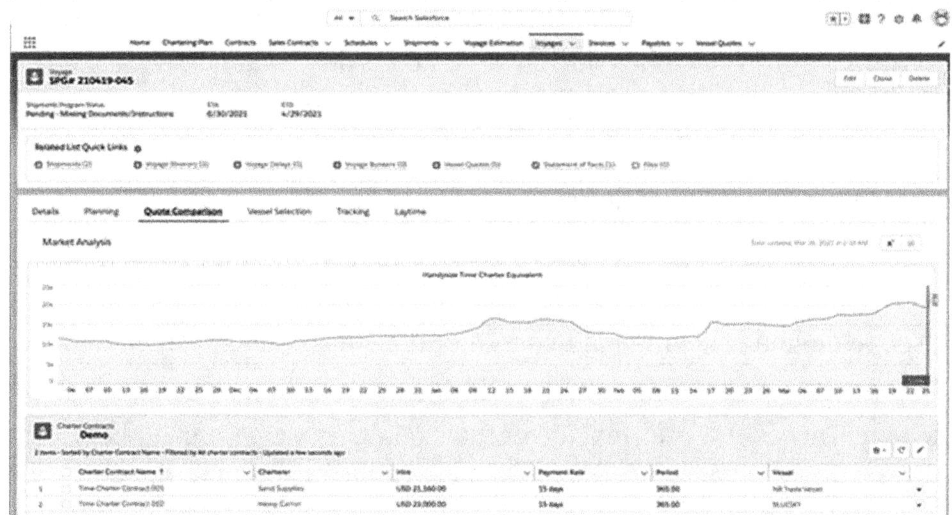

Figura 1.17. Interfaz de la herramienta de comparación de fletes.

según el tipo de mercancía, la tipología o el peso muerto del buque, el período de uso o el volumen de la carga transportada, entre otras posibilidades. De este modo, podemos identificar tendencias y disponer de información valiosa en el momento de negociar nuevas cotizaciones con las empresas transportistas.

Solución para el abastecimiento de combustible

El abastecimiento de combustible suele representar uno de los mayores costos para los buques fletados por tiempo. Por tanto, es un factor importante cuando se asume la responsabilidad del abastecimiento y de sus costos.

Tomar decisiones óptimas sobre el aprovisionamiento de combustible requiere considerar diferentes fuentes de datos, como información portuaria, el consumo del buque y sus costos, entre otros. Se trata de informaciones que se deben considerar cuando se realiza la planificación del viaje pero, sin embargo, muchos parámetros relevantes cambiarán durante el viaje y no están integradas en un modelo de toma de decisiones.

Un sistema de gestión del transporte de graneles avanzado sí que dispone de una funcionalidad para la optimización del abastecimiento de combustible (véase la figura 1.18). Mediante esta herramienta podemos acceder a información actualizada para llevar a cabo las operaciones con absoluta solvencia. El sistema de gestión ofrece una visibilidad total del buque en la ruta planificada, con los puertos relevantes que se encuentran a lo largo de dicha ruta, las desviaciones

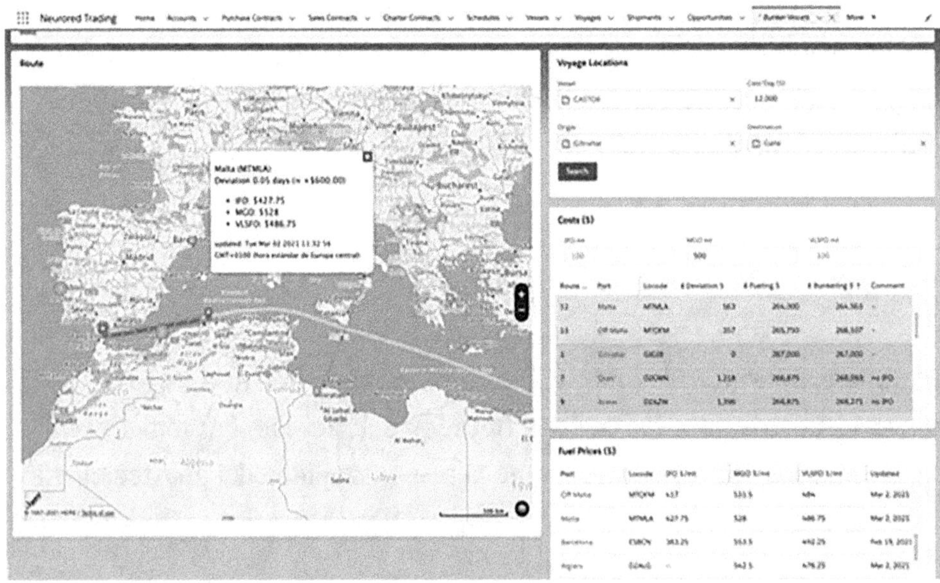

Figura 1.18. Interfaz de la herramienta para la localización de los puntos de repostaje de combustible.

para acceder a cada uno de estos puertos, con indicación del tiempo
estimado para llegar a ellos, y los precios de combustible actualizados
para cada puerto.

**Con estas prestaciones, esta funcionalidad permite optimizar los costos
al repostar en función del combustible restante,** su disponibilidad
en la ruta de navegación, el precio y la distancia. Un ejemplo de los
beneficios que aporta la aplicación de un sistema de gestión que
emplea modelos de toma de decisiones flexibles y automatizados.

La gestión de los envíos

En la gestión de operaciones de una compañía dedicada al transporte
de graneles, el equipo de gestión de fletamentos, además de ejecutar la
planificación estratégica de las operaciones, tiene la función de atender
los requerimientos del departamento comercial. Este departamento
puede estar pendiente de cerrar o ya ha cerrado una operación de

compraventa y solo le falta encontrar el transporte adecuado para hacer efectivo el servicio pactado con el cliente.

Para resolver la necesidad de establecer puentes entre el equipo de fletamentos y los equipos comerciales, un sistema digital para el transporte de graneles incorpora una plataforma colaborativa de *marketplace* interno de transporte. En esta plataforma, por un lado, están registradas todas las operaciones del departamento comercial, con las características y los requerimientos necesarios para la programación de los transportes. Con esa información, el equipo de fletamentos ya puede analizar las distintas opciones a través de sus brókeres o armadores de confianza y presentar en la misma plataforma las más adecuadas, a la espera que el departamento comercial tome una decisión. Cuando este la toma, el equipo de fletamentos recibe una notificación y puede poner en marcha la gestión del transporte.

> El sistema de gestión permite planificar y visibilizar rutas de transporte con múltiples eventos.

Como que toda la información reside en el sistema, sin salir de él, ya se puede crear el contrato de fletamento y remitirlo a la compañía naviera o al bróker y poner en marcha la operativa, que puede ser para un solo envío o una sucesión programada de envíos.

Planificación de los envíos

El hecho de que se opere con grandes volúmenes de mercancías puede suponer que, en su origen, una operación de compraventa se haya cerrado por una cantidad de toneladas que deba transportarse en varios envíos o, tal vez, periodificarse durante un tiempo determinado.

Por este motivo, un sistema de gestión para el transporte de graneles incorpora una función que permite introducir las existencias que estén disponibles para ser transportadas, y planificar a continuación los envíos en función de las condiciones de entrega que hayamos pactado y de las características del buque granelero.

Las opciones del sistema permiten planificar y visibilizar rutas de transporte con múltiples eventos de recogida, descarga, repostaje, entrega o reenvío (véase la figura 1.19). Esta herramienta es particularmente importante cuando se ha contratado el fletamento de un buque por un tiempo determinado y es necesario optimizar sus prestaciones.

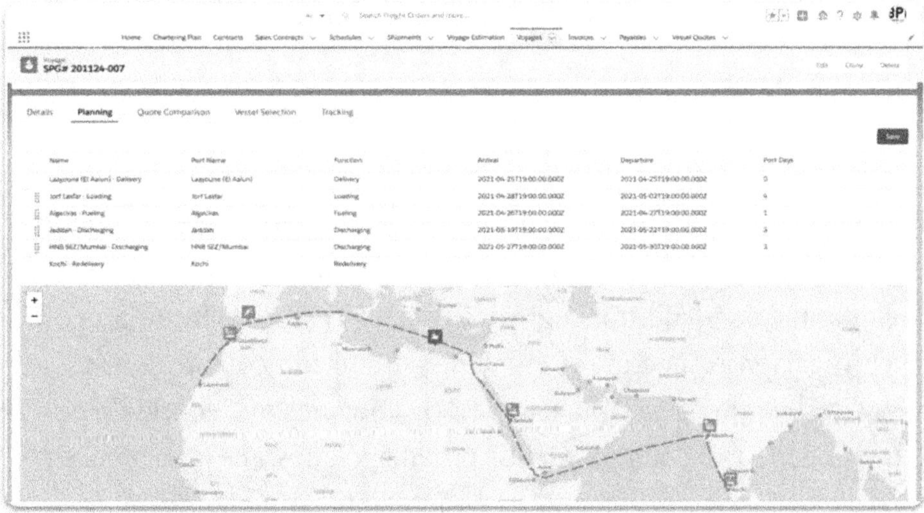

Figura 1.19. Visualización de una ruta de transporte con múltiples eventos.

Ejecución de los envíos

La creación de la orden de transporte o *shipment* para un viaje es responsabilidad del equipo de operaciones. Es él quien remite la orden a la empresa naviera y se hace responsable de la ejecución de los envíos.

Cuando la naviera recibe la orden de transporte pone en marcha sus procedimientos internos. En primer lugar, adjudica un buque a la carga que se ha de transportar. Esto, a su vez, genera un proceso de verificación respecto a si el buque adjudicado cumple con los requisitos exigibles para navegar en condiciones de seguridad, de acuerdo con las exigencias de las organizaciones internacionales y los agentes que participan en la operación. Para ello, se solicita habitualmente la aprobación de una empresa certificadora. Y del mismo modo, el buque también debe estar asegurado por una compañía aseguradora apropiada.

Un sistema de gestión para el transporte de graneles cuenta con una funcionalidad que activa la emisión de alertas cuando alguno de estos requisitos exigibles no se cumple, de modo que se puede recabar de la naviera la sustitución del buque adjudicado por otro. Las alertas deben ser atendidas por un equipo de *veting*, que se encarga de resolverlas, ya sea vetando la aceptación de un buque o tratando de mitigar el riesgo que supone su aceptación.

Análisis de información e inteligencia aplicada

La información recogida en un TMS, desde la recepción de una demanda de transporte hasta que la mercancía está entregada en su destino, permite compilar, procesar y presentar datos relacionados con el conjunto de factores que hemos desarrollado en los apartados anteriores. Es decir, se pueden generar analíticas con información valiosa para tomar decisiones informadas que optimicen la eficiencia, la visibilidad y el rendimiento de las operaciones de transporte.

Un TMS integrado con otros sistemas de gestión permite procesar grandes volúmenes de datos. Su integración con un sistema de gestión de tarifas de fletes (RMS) ofrece analíticas que ayudan a predecir y optimizar las tarifas y a encontrar las mejores combinaciones con rutas apropiadas para minimizar los costos. Y no solo eso. La comparativa entre tarifas de distintos proveedores también permite identificar las opciones más eficientes y encarar futuras negociaciones en mejores condiciones.

El análisis de datos históricos va a revelar factores sumamente útiles para realizar previsiones de flujos de tráficos y tipos de carga, pronosticar cambios, identificar fluctuaciones en los precios y planificar los envíos. Nos va a informar sobre qué rutas tienen una mayor tasa de aceptación y generan más beneficios, o con qué proveedores de transporte se están obteniendo cotizaciones menos competitivas y para qué rutas. Todo ello permitirá decidir qué iniciativas programar para mantener una estrategia coherente en cuanto a costos de transporte.

> Las analíticas de un TMS permiten monitorear indicadores clave de rendimiento.

Por su parte, las analíticas de un TMS integrado con un sistema de seguimiento y localización (T&T) nos va a permitir conocer el desarrollo de sucesiones de eventos útiles para la operativa diaria, como evaluaciones de la duración real de las rutas, o los retrasos en un periodo de tiempo o en una ruta concreta. Informaciones que también serán sumamente útiles para planificar la estrategia que hemos de seguir en las operaciones futuras y mitigar posibles riesgos. Entre otras ventajas, estas analíticas van a identificar patrones y tendencias en el movimiento de las mercancías, definir áreas de mejora y optimizar los procesos para alcanzar una mayor eficiencia operativa. Sin olvidar que el rastreo en sí mismo permite compartir en tiempo real el estado de los envíos con los agentes de la cadena de transporte, y acaba siendo nuestra oportunidad de mejorar la calidad de servicio y la experiencia del cliente.

Las analíticas de un TMS permiten monitorear indicadores clave de rendimiento (KPI), como la utilización de recursos, la puntualidad de las entregas, el costo por envío, la eficiencia de una flota de vehículos

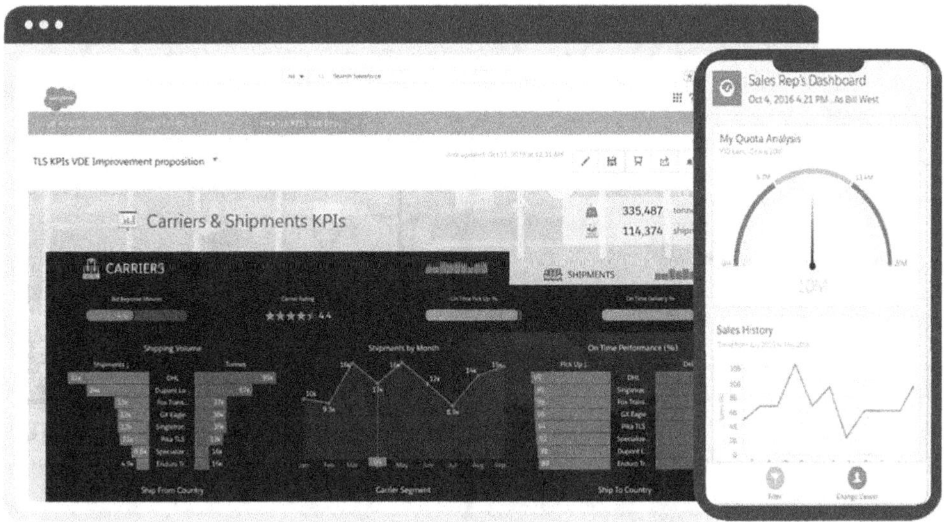

Figura 1.20. Analítica con indicadores clave de rendimiento
de empresas transportistas.

o la distancia total recorrida por estos en relación con la carga
transportada, por ejemplo. También tiene suma importancia analizar
los resultados de los equipos de gestión. Esta funcionalidad dispone
para ello de paneles KPI totalmente personalizables para supervisar las
métricas clave de cada equipo de trabajo (véase la figura 1.20).

Respecto al servicio al cliente, medir la capacidad de cumplir con
los plazos de entrega acordados es un factor que, aunque no es
directamente el precio del servicio, sí que nos ayuda a evaluar el
valor finalmente proporcionado a través de las operaciones (véase
esta interfaz en la figura 1.21).

**Un factor que también incide en el costo del transporte es el
índice de carga.** Analizar el grado de utilización de la capacidad
de carga de los vehículos o de las unidades de transporte de carga,

Figura 1.21. Analítica con el seguimiento de la satisfacción del cliente.

permitirá ver en qué medida podemos maximizar la capacidad de carga, garantizar la seguridad de las mercancías y reducir los costos por tonelada transportada.

Las analíticas sobre los indicadores de sostenibilidad que utilicemos nos permiten medir y analizar el impacto ambiental de las operaciones de transporte, incluido el consumo de combustible y las emisiones de carbono. Esto contribuirá a incrementar la responsabilidad social de los agentes de la cadena de transporte e impulsar la adopción de prácticas más sostenibles y eficientes a largo plazo.

Este conjunto de analíticas solo pueden ser el resultado de herramientas de análisis con funciones avanzadas. Los TMS más avanzados utilizan herramientas de análisis que trabajan sobre plataformas de desarrollo con una elevada capacidad de procesamiento de datos y que proporcionan importantes recursos a la inteligencia empresarial.

El futuro de los sistemas de gestión del transporte

Pronosticar el futuro sobre cómo se va a desarrollar la gestión del transporte es una tarea compleja, involucra una multitud de variables y no es posible definirlo con certeza. Sin embargo, hay algunos aspectos que sí que sabemos. El primero, es que el futuro nadie lo va construir en solitario. De modo que, previsiblemente, vamos a ver un incremento de prácticas y soluciones tecnológicas colaborativas. De hecho, un TMS ya es un entorno colaborativo en el que los agentes de la cadena de transporte interactúan y comparten información en tiempo real.

> El impacto ambiental del transporte va a tener una mayor prioridad en la planificación del transporte.

Con herramientas actuales, podemos analizar tendencias históricas y presentes, utilizar modelos de simulación e incluso aplicar tecnologías de inteligencia artificial para procesar grandes cantidades de datos y hacer pronósticos de una elevada precisión. No obstante, hay factores externos, como fluctuaciones económicas y tensiones geopolíticas, que pueden tener un impacto significativo y que escapan completamente a nuestra capacidad de gestión.

Con todo, vamos a aventurarnos y a imaginar un contexto digitalizado, con algunas de las líneas maestras y los elementos que más relevancia prevemos que tendrán en el inmediato futuro:

- **La digitalización de los procesos** penetrará ampliamente en las organizaciones y democratizará el uso de sistemas avanzados de gestión del transporte, en el sentido de generalizarse su implantación en empresas de cualquier volumen de negocio. Estos sistemas, más automatizados, recopilarán y procesarán grandes cantidades de datos, en tiempo real, y proporcionarán información precisa y actualizada para la toma de decisiones.

- **La integración de sistemas** con acceso a una mayor diversidad de fuentes de información permitirá consolidar datos en plataformas centralizadas de manera más eficiente y rápida, compartir contenidos y documentación garantizando mayores niveles de seguridad e incrementar la colaboración y coordinación entre agentes de una cadena de transporte.

- **La interoperabilidad de los sistemas** garantizará una visión holística y precisa de los envíos a medida que se mueven a lo largo de la cadena de transporte y facilitará tomar decisiones informadas.

La integración de los sistemas de visibilidad con dispositivos IoT, dedicados al seguimiento y la gestión de activos en movimiento, como vehículos y contenedores, proporcionarán información en todo momento sobre la ubicación, el estado y las condiciones de los envíos.

- **La automatización de tareas** se incrementará progresivamente, evitando las funciones repetitivas y la posibilidad de cometer errores. Esta automatización agilizará la selección de proveedores de transporte y tarifas de fletes, y la optimización de recursos y rutas. Estas podrán ajustarse en tiempo real en función de condiciones cambiantes, como el tráfico, los fenómenos atmosféricos y otros eventos imprevistos. La automatización, basada en eventos y alertas, anticipará problemas potenciales y proporcionará soluciones alternativas para mantener operaciones en curso, lo que hará efectiva la gestión por excepciones e incrementará la resiliencia de la cadena de transporte.

> Mantener posiciones y ventajas competitivas requiere desarrollar nuevas habilidades coherentes con los indicadores de futuro.

- **La inteligencia artificial, el aprendizaje automático y la cadena de bloques** mejorarán la eficiencia en la comunicación interna y externa, la gestión de datos y la reducción de riesgos. Asimismo, permitirán identificar patrones, predecir tendencias, reconocer oportunidades de mejora y tomar decisiones optimizadas basadas en datos históricos.

- **La comunicación** va a experimentar importantes mejoras para conseguir una integración más eficiente entre los agentes de la cadena de transporte, de extremo a extremo, desde los requerimientos relacionados con el ETA (que pueden ser compartidos de manera proactiva con los destinatarios de una carga) a los de una misma orden de trabajo (que visualizarán tanto el personal conductor como el de almacén).

- **Los análisis predictivos** anticiparán posibles problemas en la cadena de transporte, como retrasos en la entrega, congestión en rutas o problemas de capacidades de carga y disponibilidad de vehículos, atendiendo a los pronósticos de demanda. Esto permitirá tomar medidas proactivas para mitigar sus impactos.

- **La experiencia del cliente** podrá verse beneficiada a través de la personalización. Los análisis avanzados permitirán segmentar los flujos de trabajo de las empresas y adaptar sus operaciones a las necesidades específicas de sus clientes, mejorando con ello su satisfacción.

- **La eficiencia energética y el impacto ambiental** del transporte van a tener una mayor prioridad en la planificación y gestión del transporte. Particularmente, en la optimización de rutas para reducir la huella de carbono, la elección de modos de transporte menos contaminantes y la gestión de recursos (véase la figura 1.22).

- **Los riesgos geopolíticos y los de catástrofes naturales** incrementarán la propensión hacia la volatilidad en los mercados. Estos riesgos harán más necesario diseñar estrategias que incorporen la resiliencia operativa. Que incrementen las posibilidades de resistir y recuperarnos de eventuales perturbaciones, interrupciones o situaciones adversas. En el caso de desastres naturales, para su mejor identificación y gestión, en el futuro, las soluciones de gestión de transportes

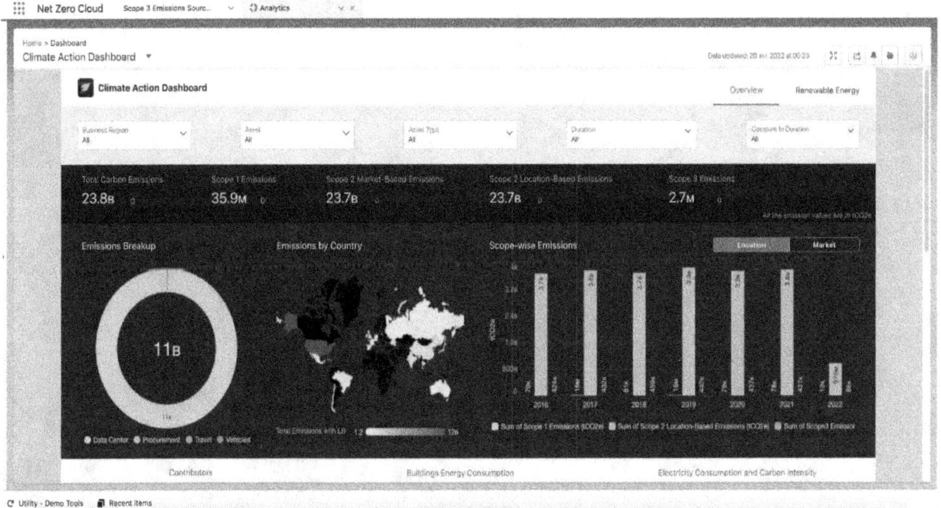

Figura 1.22. Herramienta integrada en un TMS
para monitorear la huella de carbono.

deben facilitar la integración con sistemas de gestión
meteorológica. Estas proveerán de información anticipada sobre
posibles riesgos que permitirán programar acciones que mitiguen
o eviten sus efectos.

A modo de conclusión, parece razonable pensar que mantener
posiciones y ventajas competitivas en el mercado requiere
desarrollar nuevas habilidades coherentes con los indicadores de
futuro. Con una mentalidad flexible, pero con una gran capacidad
de adaptación, de innovación y de colaboración entre el conjunto de
agentes de las cadenas de suministros. Tanto de las empresas
que intervienen más directamente en la gestión y ejecución de
operaciones logísticas como de quienes actúan como contratistas y
receptores de sus servicios, las empresas cargadoras, fabricantes
y distribuidoras.

2 La gestión de tarifas de fletes

La gestión de tarifas de fletes

Sinopsis

En las empresas operadoras de transporte internacional, la gestión de fletes se mueve a caballo entre la inmediatez con la que han de generar cotizaciones para los clientes y la volatilidad de los precios de los transportes.

Aunque la gestión de tarifas de fletes puede realizarse con herramientas manuales, este es un procedimiento en desuso. Resulta excesivamente lento y es una fuente de errores e ineficiencias.

Las tecnologías digitales que ya están disponibles en el mercado resuelven esas dificultades y nos aproximan a un futuro más diferencial. Un sistema avanzado de gestión de tarifas de fletes (RMS) reúne unas funcionalidades que automatizan e incrementan la productividad del proceso y lo dotan de inteligencia y visibilidad. La digitalización permite ofrecer un mejor servicio y mayor colaboración a los clientes, pero con menor inversión de tiempo y de recursos.

Un RMS proporciona una plataforma integrada, en la que es posible almacenar, organizar y actualizar las tarifas de transporte de todas las empresas proveedoras y de todos los modos de transporte. Y en tiempo real. Un RMS hace posible una gestión integral de tarifas para analizar y comparar opciones y costos, identificar áreas de mejora, reforzar la negociación con proveedores y tomar decisiones contrastadas. Todo ello con la finalidad de maximizar la eficiencia, el valor agregado y la rentabilidad de las operaciones.

¿Dónde están mis precios?

Cuántas veces nos ha pasado que, con las prisas del día a día, ¡no recordamos dónde hemos dejado algo tan habitual como las llaves del vehículo! Y, por unos instantes, cunde el pánico. Estos despistes suelen pasar. Vivimos en un mundo que nos demanda atención constante y en el que todo es para ayer. Cuando hemos de estar pendientes de la reunión con un cliente, de las últimas indicaciones del jefe o de las noticias económicas que pueden afectar a nuestra empresa, es casi inevitable que la atención se aleje de algo tan mundano como unas llaves. Pero, cuidado, no solo tú usas el vehículo de la familia: mi pareja va hoy a recoger a nuestra hija al colegio, mi hijo tiene una cena con su grupo de amistades... ¿dónde están las llaves? O sea que si, por alguna razón cometemos el error de no dejarlas en su sitio habitual, estamos sembrando la semilla del caos.

Pero no seamos pesimistas. Afortunadamente, las llaves aparecen tras unos minutos de búsqueda y de algún reproche del estilo de «siempre te pasa lo mismo». Bien. Problema resuelto y cada cual a seguir con sus labores. Pero una cosa es cierta: esos minutos de incertidumbre generan tensión, nerviosismo y, por encima de todo, nos desvían de las cosas que son realmente importantes.

Todo eso también ocurre en la esfera profesional. Sin ir más lejos, en el sector del transporte de mercancías, sucede en algo tan cotidiano como la gestión de las tarifas de fletes. Despistes que consiguen que lleguemos a preguntarnos: «¿dónde están mis precios?». Seguramente, en muchos departamentos de compras o de gestión de fletes puede existir esa incertidumbre a la hora de localizar y gestionar unas tarifas que se han extraviado en el maremágnum de carpetas y subcarpetas del servidor. Y eso responde a escenarios donde se gestiona una cantidad ingente de tarifas que, además, se actualizan continuamente. Pero, en este caso, cuando alguna se extravía, las consecuencias no se limitan a un simple reproche o a perder cinco minutos en una búsqueda.

> La digitalización nos permite disponer de tarifas de fletes actualizadas en tiempo real.

Los departamentos de compras trabajan a caballo entre la inmediatez con la que los clientes esperan una cotización y la volatilidad de los precios de los transportes. Y en ese proceso no puede haber espacio para errores tan humanos como perder la pista de unas tarifas o, lo que es casi peor, utilizar unas desactualizadas para salir del paso. Porque eso está asociado a dos problemáticas que no nos podemos permitir.

En primer lugar, una problemática ligada a la productividad. Si el personal se dedica a actualizar tarifas manualmente o a buscar precios extraviados, se pierde un tiempo precioso que merma en la cantidad de cotizaciones que se pueden resolver a diario con éxito. Y porque ese tiempo lo podríamos invertir en localizar y ofertar soluciones a nuevos clientes, por ejemplo.

Y, en segundo lugar, la lentitud, los errores y la falta de competitividad en las cotizaciones que reciben los clientes son el peor aliado para tejer una relación de confianza con ellos. Aunque

la fidelización de los clientes incluye también otros aspectos, estos
tres factores van a darles suficientes motivos para que se busquen
una alternativa de servicio distinta a la nuestra. De hecho, muchas
oportunidades de venta se pierden por responder demasiado tarde y
con equívocos.

**Así pues, la pregunta está servida. ¿Cómo podemos garantizar
la productividad en estos procesos** y, a la vez, ofrecer un servicio
de calidad a nuestros clientes? Sin que podamos dejar de lado que
la gestión de tarifas de compra y generación de cotizaciones de
venta de servicios de transporte tiene una complejidad elevada.
Hay que combinar los precios de diferentes rutas, hacer cálculos y
comparativas, conseguir para nuestro cliente un precio óptimo y
presentarlo en el formato más amigable posible. Pero tal como está
estructurado el proceso, digamos «tradicional», ¿es posible conseguirlo
con datos actualizados y sin fallos humanos? Pues, la verdad, es que
no resulta una tarea fácil. Sobre todo, si se quiere hacer con un uso
eficiente de los recursos y con la calidad que requieren nuestros
clientes. Y ya no digamos si nos movemos en un escenario en el que el
objetivo es incrementar el volumen de negocio, haciendo frente a los
retos que nos brinda el mercado y la competencia.

La única alternativa viable está vinculada con la digitalización y la automatización de procesos, porque las herramientas tecnológicas, a diferencia de las personas, no pierden las llaves ni se equivocan al archivar los precios. Y del mismo modo que las *apps* están sustituyendo a las llaves para abrir nuestros vehículos, también la tecnología nos permite disponer de tarifas de fletes actualizadas en tiempo real y eliminar el problema de los extravíos. Y con él también se esfuman las búsquedas improductivas, las pérdidas de tiempo y la desconfianza de nuestros clientes.

En este capítulo vamos a centrarnos en exponer cuáles son esas herramientas que permiten automatizar y digitalizar la gestión de las tarifas de fletes. Y vamos a hacerlo a través de un recorrido por estas áreas esenciales:

- Cómo se está realizando todavía la gestión manual de tarifas en muchas empresas y qué ineficiencias entraña.

- Qué opciones de mejora existen. Cuáles son las tecnologías que ya están disponibles en el mercado y qué ventajas aportan.

- Cuál es la operativa de un sistema digital de gestión de tarifas.

- Cuáles son las características de un futuro al que solo podrán acceder las empresas que se hayan preparado tecnológicamente.

Creación manual de tarifas de fletes

A diferencia de otros sectores, si alguien que dejó su puesto en una operadora de transporte internacional en la década de 1990 volviera ahora a su empresa, es posible que no encontrara demasiadas diferencias en la manera de gestionar las tarifas de fletes. Igual que se hacía por aquel entonces, esa gestión sigue siendo un proceso muy manual, basado en herramientas ofimáticas, y que supone una considerable carga de trabajo (véase la figura 2.1).

Cuando un cliente contacta con nuestro departamento comercial o de fletes solicitando un presupuesto de transporte, se pone en marcha un proceso que ha de resolverse con eficacia y, usualmente, en ese mismo día. Esa es la señal que activa la búsqueda de las tarifas más adecuadas para elaborar una cotización que se adecue a la solicitud recibida. Desde ese momento, los contactos con el cliente van a ser ágiles y por correo electrónico, pero es habitual que se requieran puntualizaciones que, finalmente, se resuelven por teléfono.

Figura 2.1. Gestión manual de tarificación de fletes.

Hasta ahí todo parece sencillo, pero ¿cómo conseguir que esa tarifa que necesitamos esté disponible en ese preciso momento, y con los precios actualizados? Para que eso suceda, tienen que haberse dado unos pasos. Primero, con mucha anterioridad, habremos tenido que negociar con las empresas proveedoras de transporte que nos remitan sus tarifas. Y, a continuación, nuestro departamento de fletes deberá procesarlas, almacenarlas y dejar todo dispuesto para que puedan ser utilizadas. Pero veamos este proceso con un poco de detalle:

> Vivimos un «periodo bisagra» en el que la tecnología marca un antes y un después en la gestión de los procesos.

- **La negociación con el proveedor.** El procedimiento es similar sea cual sea el modo de transporte. El primer paso siempre es negociar con la empresa transportista, acordar unos volúmenes de carga, contratar unas tarifas básicas y que nos las remita actualizadas con una periodicidad determinada. Como que el área comercial del proveedor fija los precios según el volumen de envíos o contenedores que prevemos transportar, es imprescindible que aportemos en la negociación una idea clara o al menos estimada de nuestras necesidades de transporte para cada periodo.

- **La recepción de las tarifas** es el segundo paso de este proceso. Cada proveedor nos va a remitir unas tarifas actualizadas para cada ruta sobre la que hemos acordado una tarificación. Y lo hará por correo electrónico periódicamente, por ejemplo, una vez a la semana, según sean las oscilaciones del mercado de fletes.

- **El tratamiento y archivo** es el tercer y más complicado de los pasos. Como que cada transportista remite sus tarifas en hojas de

Ref#	Charge Item	Company Code	Valid FROM	Valid UNTIL	Origin Airport (IATA Code)	Origin City	Origin Country	Origin Region (NX own definition)	Destination Airport (IATA Code)	Destination City
			1	2	3	4	5	6	7	
	Charge Code Billing Unit									
A-AMR-00003		NEU	7/1/2022	12/31/2022	LAX	LOS ANGELS	US	AMERICAS	SIN	SINGAPORE
A-AMR-00004		NEU	7/1/2022	12/31/2022	LAX	LOS ANGELS	US	AMERICAS	SIN	SINGAPORE
A-AMR-00005		NEU	7/1/2022	12/31/2022	LAX	LOS ANGELS	US	AMERICAS	LHR	LONDON
A-AMR-00006		NEU	7/1/2022	12/31/2022	LAX	LOS ANGELS	US	AMERICAS	LHR	LONDON
A-AMR-00007		NEU	7/1/2022	12/31/2022	LAX	LOS ANGELS	US	AMERICAS	LHR	LONDON
A-AMR-00008		NEU	7/1/2022	12/31/2022	LAX	LOS ANGELS	US	AMERICAS	ICN	INCHEON
A-AMR-00009		NEU	7/1/2022	12/31/2022	LAX	LOS ANGELS	US	AMERICAS	ICN	INCHEON
A-AMR-00010		NEU	7/1/2022	12/31/2022	LAX	LOS ANGELS	US	AMERICAS	ICN	INCHEON
A-AMR-00011		NEU	12/1/2022	12/31/2022	LAX	LOS ANGELS	US	AMERICAS	PVG	SHANGHAI
A-AMR-00012		NEU	12/1/2022	12/31/2022	LAX	LOS ANGELS	US	AMERICAS	PVG	SHANGHAI
A-AMR-00013		NEU	12/1/2022	12/31/2022	LAX	LOS ANGELS	US	AMERICAS	PVG	SHANGHAI
A-AMR-00014		NEU	7/1/2022	12/31/2099	LAX	LOS ANGELS	US	AMERICAS	NRT	TOKYO
A-AMR-00015		NEU	7/1/2022	12/31/2099	LAX	LOS ANGELS	US	AMERICAS	NRT	TOKYO
A-AMR-00016		NEU	7/1/2022	12/31/2099	LAX	LOS ANGELS	US	AMERICAS	NRT	TOKYO

Figura 2.2. Ejemplo de tarifario confeccionado sobre hoja de cálculo.

cálculo con formatos distintos, esto nos obliga a optar por alguna de estas alternativas:

1 Almacenar los ficheros cuando se reciben. Y hacerlo de manera que posteriormente sea fácil acceder a ellos y encontrar la información de las tarifas que buscamos. Esta tarea se enfrenta a varios problemas, que van desde la divergencia en la estructura e información de los ficheros recibidos –¡a veces incluso de un mismo proveedor!–, hasta el hecho de que distintas personas participan en el proceso y pueden tener criterios de ordenación diferentes. Así pues, resulta complicado ordenar la información de manera que el equipo pueda luego acceder a ella con agilidad.

2 Otra alternativa es cargar esta información en nuestras propias hojas de cálculo, documento a documento, porque ya tenemos unos modelos predefinidos que facilitan el trabajo posterior (véase la figura 2.2). Esto, claro está, implica unos costos asociados al tiempo de dedicación y tiene el inconveniente de que está sujeto a errores.

Y cada error puede conducir a perjuicios económicos y ser, a su vez, fuente de controversias, retrasos en la facturación y pérdida de la confianza por parte de clientes y proveedores.

3 Pero también puede que dispongamos de un sistema informático que permita cargar la información de las tarifas de manera semiautomatizada. Esta es una alternativa mejor, pero obliga a realizar en cada ocasión algunos ajustes en las hojas de cálculo originales que se reciben, porque hay que adaptarlas a los requerimientos de nuestro sistema. Y nada impide que esa tarea no esté exenta de errores.

Ahora, con toda esa información en regla, una vez que hayamos localizado las mejores tarifas posibles, lo ideal sería que pudiéramos compararlas entre sí, para ver con claridad cuál es la mejor opción. Pero

eso puede resultar una tarea ardua y laboriosa si, como ocurre en la mayor parte de los casos, se sigue realizando manualmente.

Por suerte, hay empresas que disponen de sistemas semiautomatizados, provistos de un *software* que permite visualizar con mayor facilidad cuáles son las alternativas posibles. Para hacerlo, disponen de una interfaz similar a cuando queremos salir de viaje y tratamos de encontrar ofertas de vuelos o posibles alojamientos en un comparador en línea. Es decir, nos presenta las opciones de rutas y sus precios, con la posibilidad de aplicar determinados filtros, lo que facilita localizar la opción más adecuada.

Finalmente, utilizando todas las combinatorias posibles y confiando mucho en la experiencia acumulada, el departamento de fletes ya puede conocer el costo de la operación. Por supuesto, todavía tendrá que añadir algunos conceptos adicionales al flete, como recargos por combustible o gastos por origen, por puerto o los acarreos en la terminal, entre otros.

> "Sin el control de lo que pasa en nuestra empresa, se implanta una «lógica de supervivencia».

En el caso de una empresa intermediaria, el equipo de ventas agregará un margen comercial y decidirá el precio final. Y ahora sí, ya se puede adjuntar el archivo con la oferta en la aplicación de correo electrónico y remitirlo al cliente. Una oferta que ha de estar confeccionada de modo que resulte fácilmente comprensible y que se pueda aceptar y responder con agilidad.

Con todo, a pesar de que el equipo de ventas ha trabajado con la mejor voluntad y poniendo el máximo empeño, nada nos asegura que la oferta se esté presentando a tiempo. Es posible que lleguemos tarde o que la oferta esté fuera de precio. Y con esa incertidumbre, sin saber si vamos bien o mal, es difícil obtener los mejores resultados de tanto esfuerzo.

La gestión de datos

Como hemos podido ver, en la gestión «tradicional» de tarifas de fletes hay algunas carencias relativas a los datos que son recurrentes. Una de ellas es la dispersión de las informaciones que se han de almacenar en formatos sin homologar. Otra es la posibilidad de que estos datos contengan inexactitudes o errores que pueden afectar negativamente a la rentabilidad o a la capacidad de dar un servicio fiable y adecuado de forma ágil. Y otra, tal vez la más importante, es que los datos no se estructuran de manera que permitan análisis posteriores relativos a cualquier proceso o periodo.

Ante ello, se tiende a implantar en la gestión una especie de «lógica de supervivencia», precisamente porque no existe la posibilidad de analizar los datos generados, y no tenemos el control de lo que está pasando en nuestra empresa. Esta pérdida de control es una fuente de ineficiencias, que también contribuye a dañar nuestra capacidad de atención y servicio al cliente. Todo ello en un entorno cada vez más exigente y competitivo.

Así, si todo eso ocurre, ¿cómo emprender una negociación con proveedores o clientes sobre criterios fundamentados? O pensando en el futuro de la compañía, ¿cómo encarar una ampliación de la capacidad para gestionar un mayor volumen de operaciones?

Como vemos, con los datos no se debe jugar a los dados, salvo que se quiera dejar a la suerte la cuenta de explotación de la compañía. Por fortuna, no todas las herramientas son iguales. Hay soluciones tecnológicas que permiten homogeneizar los formatos de los documentos, unificar las plantillas de trabajo y, en definitiva, integrar todos los elementos que ayuden a ejecutar las tareas desde una única fuente de información.

Podemos asegurar que las tecnologías más avanzadas facilitan un entorno adecuado para resolver no solo los problemas de hoy sino, como veremos más adelante, para atender las necesidades del futuro.

La solución digital para la gestión de tarifas

Vivimos en un «periodo bisagra», un momento de transición en el que la tecnología marca un antes y un después en la gestión de los procesos tal cual los conocemos. Y, aunque quizá con más preguntas que respuestas, en las operadoras de transporte internacional o en las empresas expedidoras para las que la logística es una parte importante de su actividad, se tiene conciencia de ello.

En el caso de la gestión de tarifas de fletes, desde que en la década de 1980 se inició su informatización, la tecnología ha seguido un camino gradual hacia la digitalización. Se han reemplazado progresivamente los procedimientos ofimáticos por *software* especializado que facilita el registro, el almacenamiento, el cálculo, la actualización y el análisis de la información.

Nos referimos a soluciones digitales avanzadas, basadas en la nube, la inteligencia artificial y el aprendizaje automático. Estas soluciones aportan una mayor productividad a los procesos, y permiten

llevarlos a cabo con mayor inteligencia, más datos integrados y mejores instrumentos de explotación y visualización de la información para tomar decisiones de manera sólida y contrastada.

Un elemento central de dichas herramientas es lo que se conoce como «sistema de gestión de tarifas» o RMS (siglas de *rate management system*), un *software* diseñado para empresas que han de gestionar tarifas de flete B2B y resolver cotizaciones de transporte de mercancías. Se trata de soluciones digitales que abarcan este proceso y que consiguen incrementar el valor que aportan las operaciones logísticas a las empresas, sea cual sea su tamaño. De hecho, este *software* lo utilizan desde las mayores empresas transitarias y fabricantes del mundo –con cientos de miles de clientes, distribuidos por centenares de países–, hasta pequeñas empresas radicadas en un solo país.

> "Un RMS permite incrementar la calidad del servicio al adaptarlo a las necesidades y características del cliente.

Una solución RMS tiene un enfoque esencialmente comercial. Sirve para «comprar» y «vender» servicios de transporte. Ahora bien, eso es algo que han hecho siempre las empresas empresas operadoras de transporte internacional. Así que lo que en realidad nos interesa profundizar es en cuáles son las ventajas que aporta para comprar y vender mejor. Es decir, ¿qué podemos hacer con un RMS que no hagamos mediante un sistema tradicional o semiautomatizado? Veámoslo con algo de detalle:

- **Obtener mayor control** y visibilidad sobre las tarifas que negociamos con las empresas proveedoras y, por tanto, sobre los costos del transporte.

- **Automatizar la captura de tarifas,** porque estas se vierten e integran en una sola base de datos, en tiempo real.

- **Registrar, almacenar, actualizar, validar y comparar tarifas** de diferentes proveedoras y rutas de transporte de manera automatizada. Esto nos permite proponer el transportista más adecuado para cada envío.

- **Simplificar el acceso a tarifas actualizadas** de las empresas transportistas.

- **Reducir los tiempos de respuesta** al cliente en la gestión de las cotizaciones.

- **Incrementar la calidad del servicio** al adaptarlo a las necesidades y las características del cliente, contribuyendo a su vez a que ordene y estandarice sus procesos.

- **Facilitar la obtención de analíticas** a partir de toda la información, la actual y la histórica, por distintos criterios de interés, como precios, rutas, tipos de carga, clientes, incidencias u otros.

> **"**Un RMS integra en un mismo sistema las tarifas procedentes de distintos proveedores y de cualquier modo de transporte.

Además de estas ventajas, un RMS también aporta un beneficio adicional que no debe pasar inadvertido. En la práctica, existe una relación directa entre nuestro grado de desarrollo tecnológico y la seguridad y confianza que generamos en los clientes. Fortalecer ese vínculo contribuye a su fidelización.

Formalizar cotizaciones completas

Las cotizaciones a nuestros clientes, para ser efectivas, han de incluir todas las posibles eventualidades de una cadena de transporte. Un RMS también nos permite formalizar cotizaciones añadiendo apartados que son necesarios para reflejar los costos de operacioncs que se suman al del transporte físico de los productos. Nos referimos a costos que se pueden corresponder con la carga o descarga en el vehículo de transporte, el seguro de la mercancía, la estiba y el trincaje o el almacenamiento de las mercancías, por ejemplo.

En estos apartados de una cotización también es común que tengamos que incluir lo que se conoce como «recargos». Es el caso de los que están motivados por el puerto de origen o de destino, por variaciones en el precio del combustible, por mercancía peligrosa, por cargas sobredimensionadas, o por manipulación en la terminal, entre otros.

Ejemplo de términos y condiciones de una cotización de fletes estándar

1. Esta cotización se aplica únicamente a carga general.

2. Esta cotización no se aplica a envíos de mercancías peligrosas, perecederas, de gran tamaño o de alto valor.

3. El importe de la factura se calculará en función del peso aplicable del envío.

4. Esta cotización no incluye aranceles, impuestos y servicios en los países de origen y destino.

5. Cualquier gasto incurrido debido a razones no imputables a la compañía se cobrará al costo real.

6. Esta cotización se basa en las condiciones políticas y sociales actuales. En caso de variaciones relevantes, las condiciones y tarifas de transporte están sujetas a cambios.

7. Esta cotización no incluye los costos incurridos por razones ajenas al control de la compañía.

8. En el caso de trabajos especiales no enumerados en esta cotización, como inspecciones aduaneras, los costos reales se facturarán por separado.

9. En el caso de que se produzca alguno de los siguientes eventos, ya sea en su totalidad o en parte, la realización de dicho trabajo se considerará un evento de fuerza mayor y estará exento de responsabilidad. Si se incurre en gastos de almacenamiento o mano de obra debido a fuerza mayor, se cobrarán los costos reales.

   - Desastres naturales, incendios, tempestades y terremotos.
   - Aplicación de bloqueos de tráfico, cuarentenas y otras normas, órdenes y regulaciones
   - Guerra, motín, guerra civil, huelga, cierre de oficinas, robo, hurto, etc.

10. Todas las propuestas de la compañía están sujetas a la condición de que todos los efectos de epidemias se consideren fuerza mayor.

11. Esta cotización es una estimación aproximada. Las tarifas están sujetas a cambios sin previo aviso según los detalles finales del envío.

12. La programación puede estar sujeta a cambios para asegurar las rutas de transporte.

13. El peso aplicable será el mayor entre el peso equivalente en volumen ($6.000 \text{ cm}^3 = 1 \text{ kg}$) o el peso real.

14. Esta cotización se basa en la información proporcionada y está sujeta a cambios en caso de que la información cambie o resulte incorrecta.

15. Esta cotización no incluye ningún costo adicional aparte de los enumerados anteriormente en origen o destino.

Pero eso no es todo, porque en una cotización elaborada a través de un RMS han de tener cabida todos los servicios logísticos que se puedan prestar una empresa fabricante o distribuidora,, incluidos los más sofisticados y personalizados. De hecho, de algún modo, con esa capacidad de cotizar a un tiempo cualquier tipo de servicio, se trata de registrar y utilizar un verdadero contrato inteligente, más allá de una relación de tarifas de servicio.

Asimismo, mediante un RMS también podemos elaborar cotizaciones para transportes especiales, con un esquema de precios distinto al de la logística convencional. Es el caso de la maquinaria de gran volumen o peso, como el motor de un avión, una gran turbina o mercancías que estén afectadas por normativas especiales. O el de un servicio destinado a satisfacer necesidades de carga crítica, conocido como *on-board courier* (OBC). Este servicio es extremadamente útil para el traslado de documentos y de pequeños productos que requieren una entrega inmediata a largas distancias. Nada que ver con la logística tradicional.

> **''**Con un RMS podemos enviar cotizaciones cuatro veces más rápido que con cualquier procedimiento manual.

Por último, cuando se formaliza una cotización no debemos olvidar que ha de incorporar, adicionalmente a las características del servicio, el detalle de las condiciones contractuales que el cliente asumirá con su aceptación (véase el recuadro «Ejemplo de términos y condiciones de una cotización de fletes estándar»).

El resultado de este proceso de formalización de cotizaciones es que conseguimos que los cálculos de precios sean sumamente

completos, recogiendo la casuística relevante tanto para nosotros como para nuestros clientes. Y todo ello de forma automatizada, lo que simplifica, agiliza y facilita la contratación de operaciones. La experiencia demuestra que mediante un RMS es posible enviar cotizaciones cuatro veces más rápido que mediante cualquier procedimiento manual o informatizado. Además, cualquier información se puede remitir a los clientes o colaboradores a través de correos electrónicos mediante plantillas personalizadas, y todo sin salir de la misma aplicación.

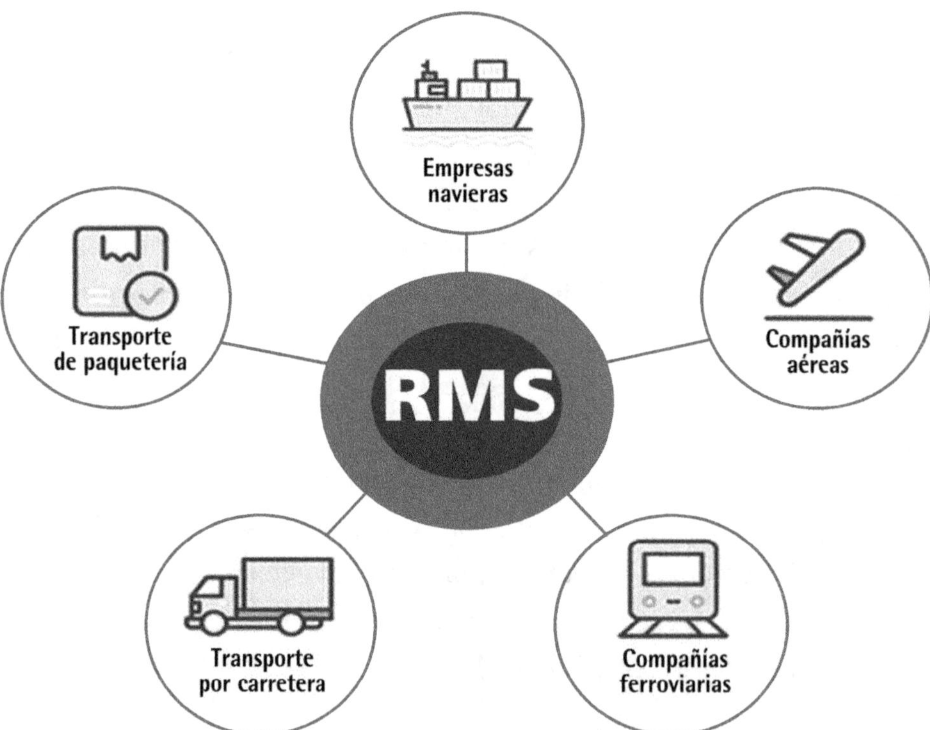

Figura 2.3. En un RMS se integran las tarifas de todas las modalidades de transporte.

La operativa de un sistema digital de gestión de tarifas

Todos los elementos habituales de una gestión manual o informatizada de tarifas también intervienen en las aplicaciones de una solución RMS. Desde las localizaciones para la

> **En un RMS podemos introducir las tarifas de manera automatizada y masiva.**

salida y llegada de una mercancía, las opciones de rutas a seguir, las tarifas y actualizaciones que remiten los proveedores, los recargos,... hasta los análisis de resultados. Todo ello confluye en un mismo sistema, pero se integra y opera de una manera más eficiente, porque se hace mediante herramientas digitales (véase la figura 2.3).

Vamos a ver cómo es el proceso de gestión de tarifas mediante una solución RMS y cuál es el valor que sus herramientas aportan al

¿Qué tipo de empresas incluyen un RMS en su estrategia de digitalización?

Un *software* para la gestión automatizada de tarifas de fletes es una solución óptima para transportistas por carretera, compañías transitarias, consolidadores marítimos tipo NVOCC, empresas dedicadas al comercio de graneles y productos básicos, puertos comerciales, terminales de carga, empresas fabricantes y cargadores globales.

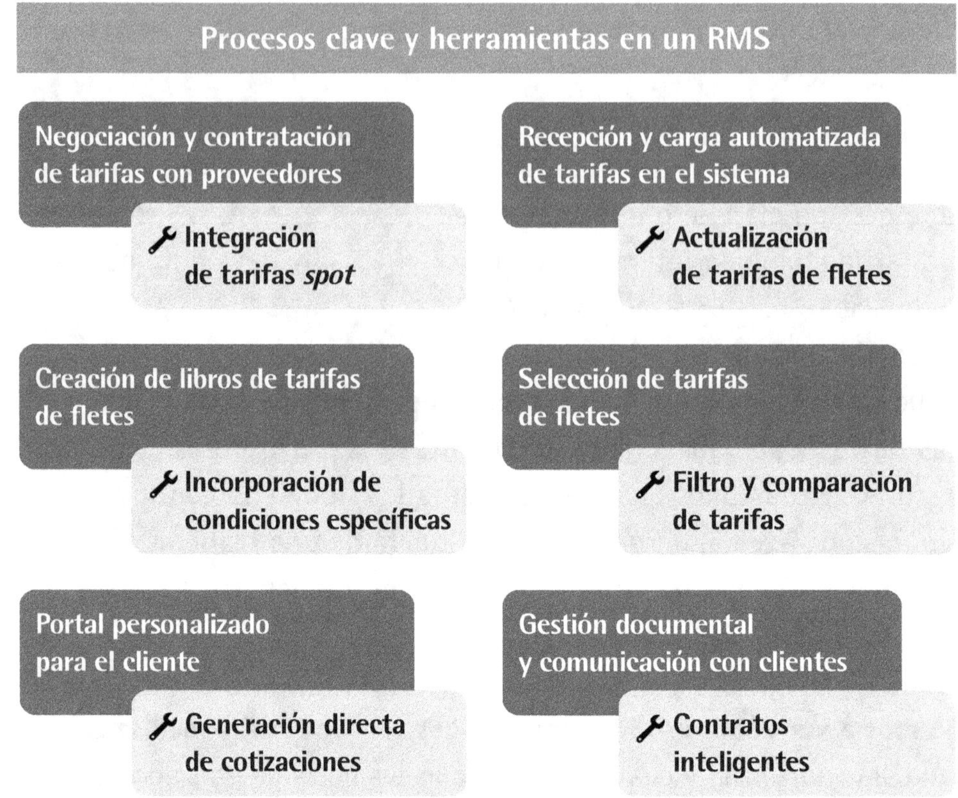

Figura 2.4. Procesos clave y herramientas de apoyo de un sistema de gestión de tarifas de fletes.

mismo. El esquema de la figura 2.4 reúne los procesos esenciales que intervienen en un sistema de gestión de tarifas.

La carga de tarifas

La manera en que se introducen los datos de las tarifas de fletes es un factor diferencial que siempre juega a favor de un sistema digitalizado. Y esto es así, en primer lugar, porque en un RMS podemos introducir las tarifas de manera automatizada y masiva, sin necesidad de reformatear ni adaptar los archivos que nos llegan desde las empresas proveedoras de transporte.

Y, en segundo lugar, porque toda esta información se carga en una base de datos centralizada, con lo que conseguimos una verdadera integración de todas las tarifas. Es decir, las de todos los modos de transporte.

El resultado es que, por fin, hacemos posible el manejo agrupado de todas las tarifas de fletes, de modo que se pueden consultar actualizadas, en el preciso momento en que son necesarias y en un formato uniforme.

Esta carga automática de las tarifas se puede realizar mediante diversas opciones (véase la figura 2.5). La ideal es tomar los datos

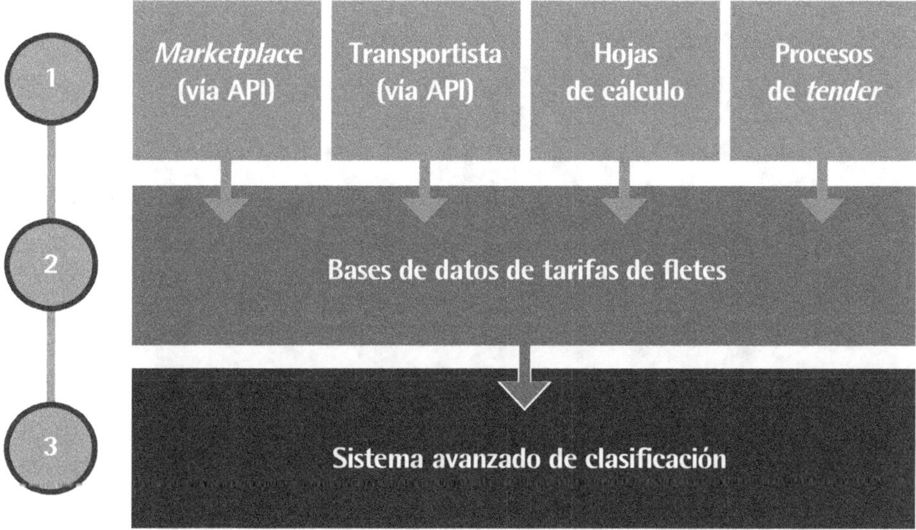

Figura 2.5. Esquema del proceso de incorporación de tarifas en un RMS.

directamente desde las fuentes de información de las empresas proveedoras vía API *(application programming interface)*. Pero también podemos partir de bases de datos externas o bien desde tarifas confeccionadas en hojas de cálculo tradicionales. Y, adicionalmente, las tarifas pueden proceder de otras fuentes, como un proceso de *tender*, un *marketplace* o una bolsa de cargas.

Lo importante es que podemos transferir la información de manera totalmente automatizada desde fuentes de datos heterogéneas, o mediante un sencillo procedimiento de «extraer, transformar y cargar» (extract, transform, load o ETL), para almacenar las tarifas como nuevas o como revisiones de otras existentes (véase la figura 2.6).

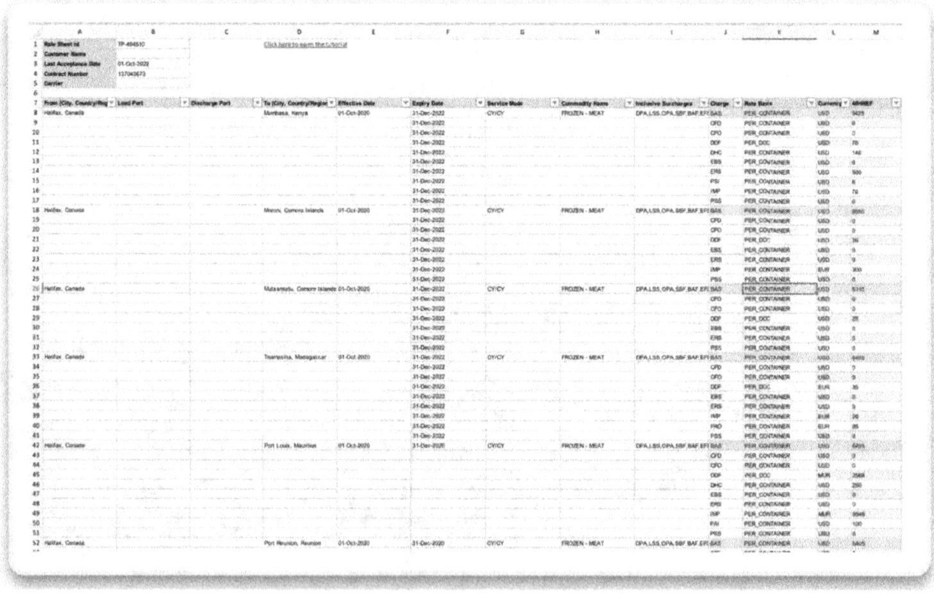

Figura 2.6. Ejemplo de una importación masiva de tarifas de fletes.

Y con ello, además, superamos dos importantes hándicaps en la gestión de tarifas de fletes. Habremos reducido al mínimo la carga de trabajo administrativo y dejado prácticamente a cero la posibilidad de introducir errores.

Los libros de tarifas de fletes

Un recurso que agiliza la elaboración de cotizaciones y la búsqueda y asignación de la mejor tarifa para los equipos de trabajo que acceden al uso de un RMS consiste en los libros de tarifas de fletes. Del mismo modo que un libro está formado por un conjunto de páginas, aquí podemos reunir una selección de tarifas para utilizarlas con alguna finalidad determinada (véase la figura 2.7).

El hecho de que estén agrupadas nos permite incorporar unas condiciones específicas, como un recargo o un descuento, por ejemplo,

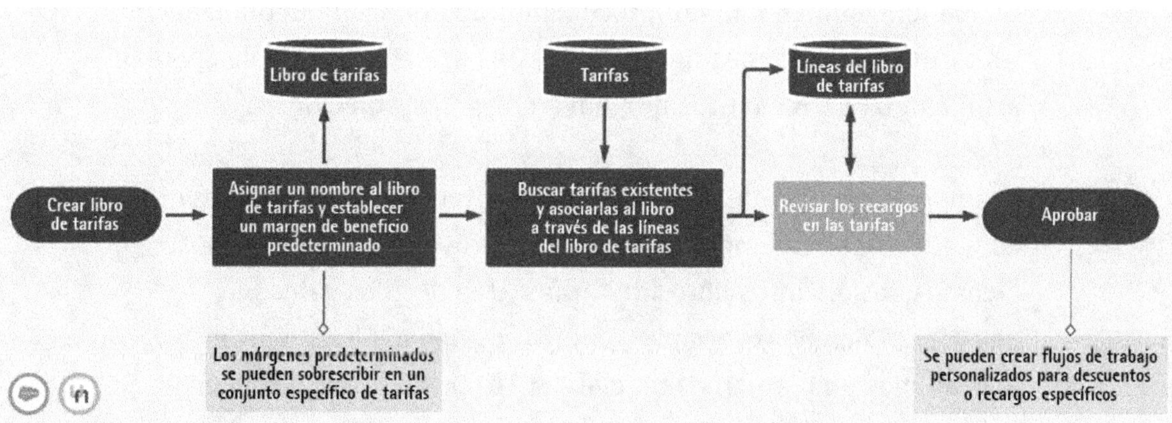

Figura 2.7. Esquema de la creación o actualización de un libro de tarifas de fletes.

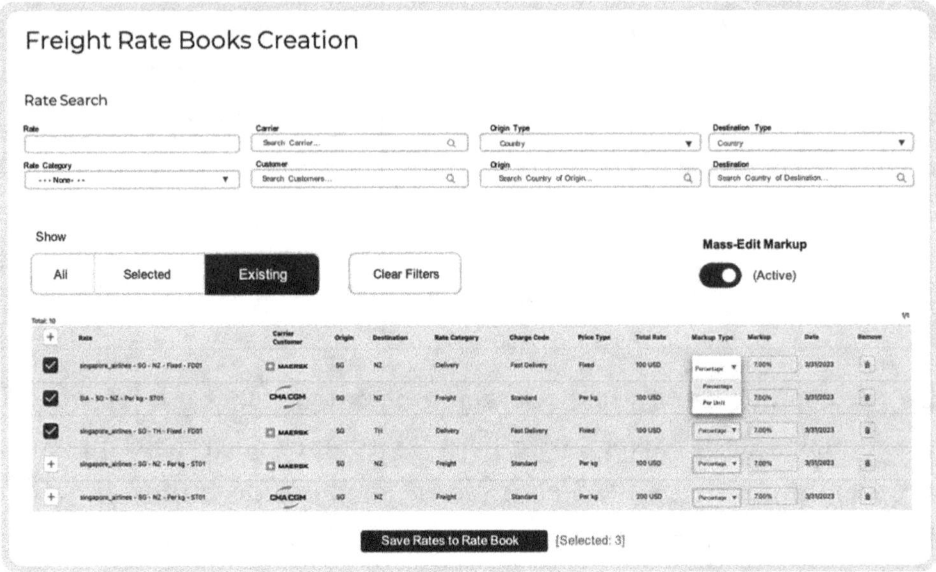

Figura 2.8. Interfaz para la creación de libros de tarifas de fletes.

que va a afectar exclusivamente a ese grupo de tarifas. Así, al preparar una cotización con ellas, esta se formalizará con esas condiciones que hemos predeterminado, como en la interfaz de la figura 2.8.

De manera similar, cuando procedemos a cargar una actualización de las tarifas que tenemos agrupadas, estas se actualizan conservando los recargos o descuentos que hayamos preestablecido.

Veamos un ejemplo de aplicación de este recurso. Supongamos que, con las tarifas de compra de una o más proveedoras de transporte, creamos dos distintos libros de tarifas. Uno de ellos vamos a considerarlo como «especial» y el otro "estándar". A este último aplicaremos un margen comercial del 10 %, mientras al especial aplicaremos un 5 %. De este modo, el departamento de ventas utilizará uno u otro en función del tipo de cliente. Así, podrá aplicar el margen más bajo a clientes que aportan un mayor volumen de operaciones, y que incluso pueden requerir unas prestaciones personalizadas, con un distinto seguimiento de los envíos, por ejemplo.

En su operativa, para facilitar cualquier búsqueda, los libros de tarifas utilizan filtros, lo que posibilita su utilización para distintas funcionalidades, como:

- **Elaborar cotizaciones** en función de diferentes variables, como, por ejemplo, los proveedores de transporte, la distancia, el peso de los envíos, las regiones de origen y destino, los horarios o los cargos y abonos que puedan aplicarse.

- **Asignar posibles recargos,** como los portuarios, los aduaneros, los de manipulación en terminales, entre otros, que podemos incorporar a las tarifas como un porcentaje sobre la tarifa o como un importe fijo por cada unidad de carga.

Además, a partir de los libros de tarifas existentes, podemos crear hojas de tarifas totalmente personalizadas. Además de remitirlas a los clientes, posteriormente, es posible almacenarlas en la cuenta de cada uno de ellos para simplificar la comunicación y la colaboración, y con fines administrativos.

Cómo integrar las tarifas únicas o spot

Las tarifas *spot* se refieren a aquellas no estandarizadas que se aplican para envíos ocasionales o puntuales. Estas tarifas de fletes se suelen negociar con la empresa transportista de manera individual para cada envío. Son únicas. Y sin que de ellas se derive con la transitaria una relación contractual posterior.

Este tipo de tarifas son flexibles y pueden variar dependiendo de la oferta y la demanda del mercado en cada momento. Ofrecen la ventaja de que podemos obtener precios de transporte con mucha agilidad y, además, tenemos la opción de comparar precios entre diferentes transportistas y elegir la alternativa más conveniente.

Las soluciones RMS contemplan distintos procedimientos que nos ayudan a obtener tarifas *spot* en tiempo real para rutas no estándar. En concreto, su software puede aplicarse para conseguir:

- Integrar nuestro sistema con las principales plataformas en línea y bolsas de carga.

- Organizar múltiples rondas de licitación o realizar licitaciones restringidas a proveedores de transporte seleccionados, de manera abierta o a través de un portal específico para empresas colaboradoras *(partner community portal).*

- Solicitar tarifas actualizadas a una selección de nuevas empresas transportistas.

La selección de tarifas

Tan sustancial es integrar todas las tarifas de fletes en una base de datos única –tanto si proceden de tarifas contratadas como de tarifas *spot*–, como localizar la tarifa adecuada cuando la necesitamos.

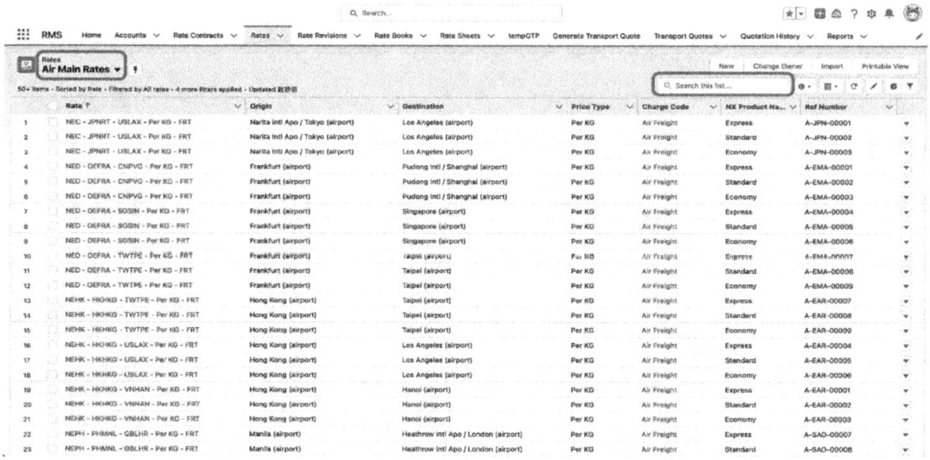

Figura 2.9. Ejemplo de hoja de tarifas de transporte aéreo.

Para ello, además del procedimiento automatizado, un RMS dispone de una función que nos permite filtrar y buscar entre las tarifas disponibles en el sistema de acuerdo con criterios que fijamos a voluntad (véase la figura 2.9). Así, tenemos la posibilidad de aplicar filtros a partir de datos como el lugar de origen y el de destino de la carga, el tipo de transporte o de mercancía, el peso o el volumen, entre otros parámetros.

Desde la interfaz destinada a la selección de tarifas, es posible realizar comparativas inmediatas entre las que seleccionemos y ver elementos específicos de cada una de ellas (véase la figura 2.10). Esto nos permite conocer detalles como quién es la empresa transportista, la ruta que va a seguir el envío, las opciones de precios o los horarios de salida y de llegada a destino, todo lo cual simplifica la evaluación de las opciones disponibles para un envío. También podemos clasificar la tarifa más óptima como «favorita», y guardarla con esta categoría para su uso posterior.

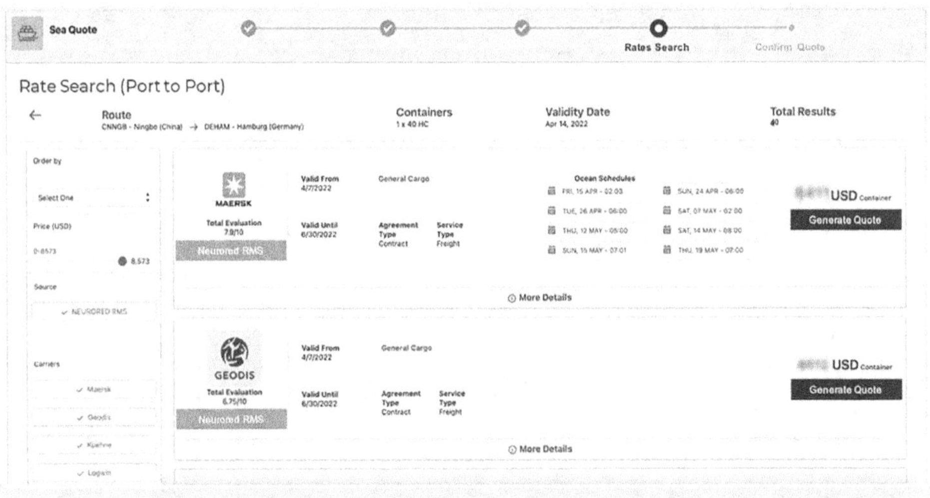

Figura 2.10. Interfaz de un portal personalizado, con una visión consolidada y global de todos los envíos.

Una tarifa seleccionada también nos conduce a obtener prestaciones adicionales, como la visualización gráfica de las rutas de transporte a través de una aplicación de seguimiento y localización, o a la estimación de los costos totales de transporte de un determinado envío.

Un portal personalizado para cada cliente

Para una empresa importadora o exportadora es esencial poder disponer de una visión consolidada y global de todos sus envíos. Y un RMS permite hacerlo realidad mediante un portal personalizado. Se trata de una aplicación que podemos personalizar para cada cliente, incluso con sus elementos de identificación corporativa, y particularmente con quienes hemos establecido una relación de confianza y colaboración.

**A través de una solución digitalizada como esta, la empresa
cargadora puede visualizar las operaciones que tiene en curso** y
acceder directamente a informaciones relevantes sobre ellas (véase
la figura 2.11), evitando consultas a la empresa transitaria y pérdidas
de tiempo, que ayuden a ambas a ganar en productividad. El equipo
de operaciones del cliente, como usuario del portal, también puede
parametrizar qué tipo de notificaciones le interesa recibir de manera
sistematizada y crear sus propias alertas. De esta manera, el sistema
le informará puntualmente de todo aquello que pueda afectarlo en
su operativa. Por ejemplo, puede recibir notificaciones sobre cuándo

El comparador de tarifas

Se trata de una herramienta de los sistemas RMS que nos
permite recopilar, analizar y evaluar información sobre las
tarifas ofrecidas por diferentes proveedoras de transporte.
Además, ofrece una visión general de cómo se posicionan las
cotizaciones que se remiten a los clientes en relación con los
precios del mercado.

**Esta herramienta utiliza modelos de optimización que
permiten determinar la mejor opción** en relación con el costo,
el tiempo de tránsito, las rutas, los servicios adicionales que se
incorporen y otros factores relevantes para la operativa de los
envíos. La utilización del comparador de tarifas permite agilizar
la decisión sobre las tarifas más adecuadas para cada operación
y mejorar la eficiencia en la gestión de la cadena de transporte.

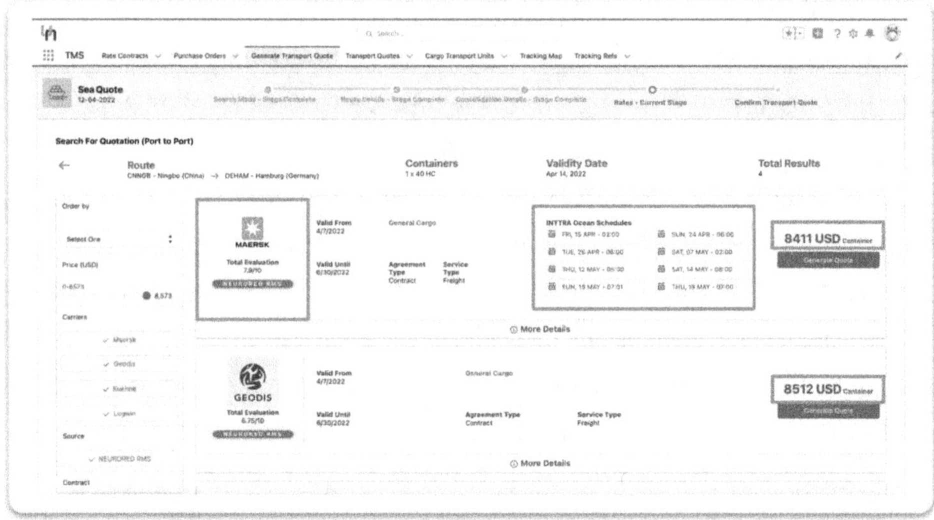

Figura 2.11. Interfaz para gestionar la función de selección de tarifas.

ha sido despachada una mercancía o qué envíos van a llegar a puerto en un momento determinado, o bien recibir alertas sobre incidencias e imprevistos, como un retraso en la descarga de un contenedor o un desvío inesperado en una ruta.

Pero eso no es todo. Sabemos que, para nuestro cliente, tener o no tener una cotización de transporte fiable, en un momento determinado, puede conducir al éxito o al fracaso de una operación comercial. Y por eso siempre es tan importante que podamos ofertarle una cotización en el mínimo espacio de tiempo posible.

Una de las prestaciones más importantes del portal personalizado de un RMS es la posibilidad de disponer de cotizaciones de fletes instantáneas, tan fiables como si las remitiéramos nosotros mismos en ese preciso momento. Esta es una herramienta que ayudará a que nuestros clientes nunca pierdan una operación por no saber el costo de un transporte.

Mediante este portal, el propio cliente puede operar desde sus instalaciones y obtener de manera directa, en tiempo real, una primera cotización del costo de una operación de transporte, con las rutas, los horarios y cualquier opción posible, según los requerimientos y las características que haya establecido para un envío.

> "Nuestros clientes pueden obtener cotizaciones instantáneas mediante un portal personalizado.

Creación, seguimiento y gestión de documentos

En una aplicación RMS también podemos disfrutar de funciones dedicadas a la creación y gestión de documentos. Esto nos permite incorporar elementos asociados a los precios del servicio, como generar órdenes de compra, instrucciones de envío, hojas de ruta, reservas de transporte o facturas de las operaciones, entre otros.

Es posible almacenar los documentos generados de manera centralizada, mediante carpetas o utilizando etiquetas para clasificarlos según su tipo, fecha, proveedor, cliente o ubicación, entre otros criterios, lo que facilita la localización e impide la pérdida de información. Además, ofrece la seguridad de contar con un registro del historial de versiones de los documentos, lo cual permite rastrear los cambios realizados a lo largo del tiempo y acceder a versiones anteriores, así como opciones de control de acceso para garantizar la privacidad de los documentos.

Desde un RMS también podemos compartir cualquier documentación con usuarios internos y externos, en tiempo real. Esto, en la práctica, facilita la revisión y aprobación de documentos, así como adjuntarlos a correos electrónicos sin necesidad de salir de la aplicación.

Ejemplos de integración de tarifas de fletes

En el ámbito del transporte aéreo y del marítimo, podemos citar algunos ejemplos de modelos de integración de tarifas de fletes.

En el caso del transporte marítimo de mercancías, una solución como la aplicación RMS de Neurored, nativa de la plataforma Salesforce, integra las tarifas que más de cien compañías navieras ofrecen para cualquier ruta y naturaleza de envíos. Esto la ha convertido en una de las agregaciones de información tarifaria de transporte marítimo más amplia e importante del mundo.

En cuanto al transporte aéreo, una solución RMS digitalizada líder en este modo de transporte es WebCargo, una plataforma que reúne las tarifas de más de 300 aerolíneas. Mediante un sistema de flujo transparente y automatizado, los usuarios acceden a una plataforma donde las aerolíneas ofertan su capacidad de carga en línea. En función de los requerimientos de destino y las características de la mercancía, el sistema ofrece un precio ligado a la capacidad disponible en ese mismo momento para un vuelo y un envío concreto y, además, permite hacer la reserva de espacio de carga *e-booking*.

Una solución RMS también trabaja como un auténtico gestor de contratos inteligentes. La posibilidad de predefinir condiciones relativas a fletes, fechas límite y condiciones de entrega, entre otras, permite que cuando se cumplen dichas condiciones se ejecuten unas acciones preestablecidas. Por ejemplo, si se han cumplido determinados eventos que motivan una penalización, el sistema podría generarla, incorporarla a la factura y remitir esta al cliente. Todo ello de manera automatizada.

Otras tareas pueden automatizarse totalmente, como es la transferencia de las tarifas de compra y de venta de servicios de transporte a nuestro sistema ERP.

Analítica de datos

Obtener analíticas confiables es siempre un caballo de batalla en la gestión de tarifas de fletes. Las analíticas que se pueden obtener con un RMS y su fusión con herramientas de inteligencia artificial y aprendizaje automático son un aliado valioso en todo el proceso.

La información que brindan las herramientas de análisis de un RMS nos ayuda a predecir y optimizar las tarifas de fletes y a encontrar las mejores combinaciones de rutas

> Las analíticas facilitan tomar decisiones ágiles y adaptativas en la gestión de precios de transporte.

y tarifas para minimizar los costos. También podemos fijarnos como objetivo identificar qué áreas pueden ofrecer la oportunidad de reducir los gastos y optimizar la asignación de recursos. Para alcanzar ese propósito, será oportuno conseguir analíticas con la evolución de los costos de transporte, la valoración de los proveedores elegidos

y su capacidad para cumplir con sus promesas de efectividad en las entregas o las rutas seleccionadas, entre otros parámetros relevantes. Herramientas de análisis que permiten conocer mejor los aspectos relacionados con la gestión de tarifas y que nos ayudan en negociaciones, orientaciones y recomendaciones a nuestros clientes. En definitiva, recursos que contribuyen a mejorar nuestro servicio.

El análisis de datos históricos, asimismo, nos va a revelar tendencias y patrones en las distintas rutas de transporte. Se trata de factores sumamente útiles para realizar previsiones de flujos de tráficos a corto y medio plazo, pronosticar cambios estacionales, identificar fluctuaciones en los precios y planificar los envíos tomando en consideración esas tendencias.

Utilizar herramientas avanzadas de análisis de datos en tiempo real permite procesar grandes volúmenes de información, como datos de seguimiento de envíos, datos climáticos o de flujos de tráfico. El resultado de estos análisis puede ser muy útil para tomar decisiones

ágiles y adaptativas en la gestión de precios de transporte, y ajustarlos
en función de eventos inesperados o condiciones cambiantes.

Si se dispone de un RMS que opere sobre una plataforma de desarrollo
que utilice una herramienta de análisis con funciones avanzadas, podemos
explorar y analizar datos que nos den a conocer las rentabilidades
reales obtenidas de cada cliente. Desde una plataforma de inteligencia
empresarial de estas características, podemos incluso obtener proyecciones
sobre ingresos potenciales o la probabilidad de éxito de una oferta (véase
la figura 2.12), a la vez que disponer de recomendaciones en tiempo real.

**El conjunto de analíticas que podemos extraer de un RMS aporta
inteligencia y resultan hoy imprescindibles** para que actuemos con
acierto a la hora de tomar decisiones sobre la gestión de la cadena
de transporte. El objetivo no es otro que obtener tarifas de fletes que
incrementen la rentabilidad de las operaciones.

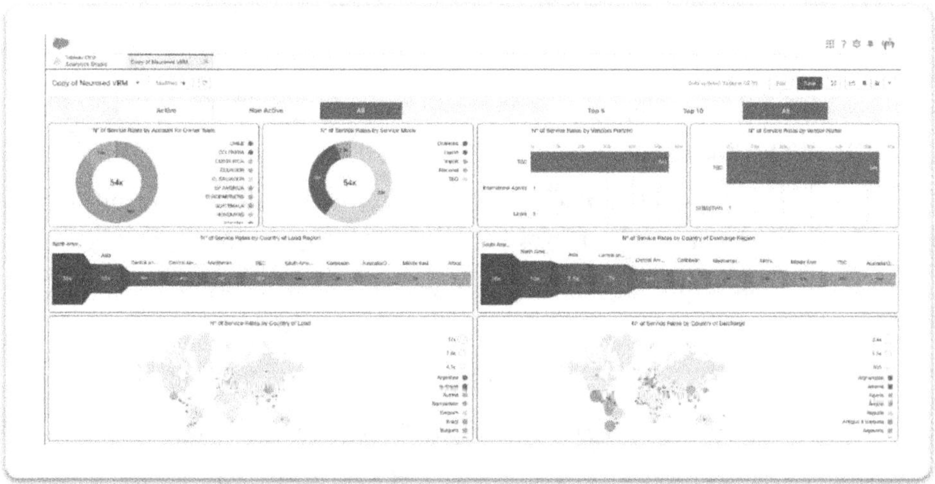

Figura 2.12. Ejemplo de personalización de KPI en la gestión de tarifas.

La negociación de tarifas

Si somos una de las personas que ha de negociar las tarifas con los proveedores de transporte, es mejor que nos entusiasmen las negociaciones, porque este es un proceso que parece no tener final. Hay unos pasos iniciales en la preparación de la negociación, sobre la base de la información disponible para negociar tarifas, hasta el momento en que se debe cerrar y documentar un compromiso. Pero, cuando todo indica que hemos llegado a ese acuerdo, inmediatamente después aparece la necesidad de una revisión para ajustar los términos pactados en función de nuevas exigencias de nuestros clientes o de cambios que aparecen en el mercado.

> Disponer de mejores analíticas nos ayuda a conseguir una mejor negociación.

La digitalización es un gran apoyo para la negociación de tarifas de fletes, porque nos va a ayudar a encararla sobre la base de informaciones preparadas adecuadamente. ¿Cómo? El proceso parte, en primer lugar, de una perfecta visualización de la capacidad de transporte potencialmente disponible. En segundo lugar, se debe haber determinado cuál es la planificación y periodificación de las necesidades futuras de transporte, a un nivel consolidado y detallado. Y, por último, se puede enriquecer con datos históricos sobre tarifas, utilización de rutas, comparación de precios respecto a rutas similares, etc. Disponiendo de estas informaciones, la negociación se puede aproximar a los requisitos previstos por nuestra compañía.

Por su parte, planificar las necesidades de transporte incluye todo tipo de detalles sobre los servicios que se van a requerir, como la naturaleza de los envíos, los volúmenes esperados para cada ruta, los plazos de entrega o los servicios adicionales que se pueden demandar, entre otros. Está claro que cuanta más información relevante tengamos, mejor podremos negociar (véase la figura 2.13).

Ahora bien, disponer de información veraz solo es posible a través de analíticas fiables. En la práctica, disponer de mejores analíticas nos ayuda a conseguir una mejor negociación. Por ello, vamos a señalar algunos factores relevantes extraídos de las analíticas de un RMS. Comprender estos factores y su impacto en las tarifas nos asegura una negociación más informada y estratégica:

- **El análisis de los datos históricos** nos va a permitir identificar patrones, tendencias, evolución y fluctuaciones de precios y de los transportes realizados a lo largo del tiempo. Con esta información podremos comprender cómo se establecieron las tarifas en el pasado, sobre qué bases, y nos ayudará a identificar nuevas oportunidades

Figura 2.13. Ejemplo de KPI útiles para la negociación de tarifas con proveedoras de transporte.

para optimizar los costos. Asimismo, disponer de una radiografía fiel del comportamiento pasado de los proveedores contribuirá a mejorar nuestra posición negociadora y adecuarla al perfil de cada proveedor. Es el momento de negociar.

- **El análisis de datos actuales** nos permitirá identificar los factores que pueden afectar en mayor medida a las tarifas de fletes, como la distancia, el tipo de carga, la temporada, la disponibilidad de capacidad o los costos del combustible, entre otros. Además, las analíticas nos ayudarán a identificar qué variables son las más relevantes, de modo que podamos centrar nuestros esfuerzos de negociación en esos aspectos clave.

- **El análisis de las tarifas** de los distintos proveedores de transporte y sus comparativas. Porque con esto vamos a identificar las opciones más eficientes y rentables, encarar cualquier negociación en mejores condiciones y conseguir una mejor fijación de precios, con informaciones y recomendaciones en tiempo real.

Con toda esta información, desde el conocimiento de la evolución del mercado, vamos a confiar en que el proveedor de transporte nos hará una oferta competitiva. Y no ya solo en términos de tarifas, sino que ampliará la oferta a su capacidad de servicio, los plazos en el transporte, la disponibilidad de espacio, los descuentos por volumen, los servicios adicionales o las condiciones de pago, por ejemplo. Pero ahora, con las analíticas que proporciona un RMS tendremos herramientas para contrastar la oferta que recibamos y valorar con criterios fundamentados el resultado de la negociación.

El futuro en la gestión de tarifas

No hay ninguna bola de cristal que nos permita predecir el futuro.
Es cierto. Pero sí que tenemos indicios que nos permiten imaginar
cómo pueden desarrollarse algunas de las tendencias que hoy se
manifiestan en la gestión de las tarifas de fletes. Aunque todo indica
que se van a producir importantes transformaciones en el ámbito
tecnológico, como veremos a continuación, este se va a ver atravesado
transversalmente por un incremento y una mayor implantación de las
soluciones colaborativas.

**En el futuro, el uso de plataformas digitales incrementará la
colaboración entre los agentes de la cadena de transporte.** Las
aplicaciones que conecten a los proveedores de servicios con los
clientes aportarán una mayor disponibilidad de información externa,
con más transparencia, confiabilidad y facilidad en la negociación de
tarifas de fletes de transporte.

Veamos ahora algunas líneas maestras con los cambios más significativos que podemos prever en áreas vinculadas al desarrollo tecnológico:

- **Incrementar la automatización** de tareas será la manifestación más evidente de una transformación tecnológica real. La automatización agilizará y mejorará la selección de proveedores, de rutas de transporte, de tarifas de fletes y de sus actualizaciones. Todo ello, sumado a la visualización inmediata de datos y la predicción de eventos, permitirá evitar riesgos y optimizar la productividad y la rentabilidad de todo el proceso.

- **Intensificar el uso de aplicaciones basadas en la inteligencia artificial** y el aprendizaje automático aportará herramientas de cálculo y revisión de tarifas más avanzadas, con mejores herramientas de análisis y de analíticas más completas. Podemos imaginar –por qué no– que proponemos de manera proactiva a los transportistas las tarifas más adecuadas en función de la información recopilada, interna y externa, aportando valor para fidelizarlos. Esto mejoraría la productividad del proceso, con unas tarifas más eficientes para todos, y menos esfuerzo administrativo y de negociación, si lo comparamos con el invertido con sistemas tradicionales.

- **Utilizar herramientas de inteligencia de mercado** será uno de los recursos que facilitarán el desarrollo de estrategias sobre tarifas de proveedores y definición de precios para nuestros clientes. Mediante estas herramientas podremos recopilar y analizar grandes volúmenes de datos sobre las condiciones del mercado, incluyendo monitorear las estrategias de precios y tarifas de la competencia en tiempo real, las tarifas históricas o las tendencias, por ejemplo. A través de análisis predictivos, será posible pronosticar comportamientos futuros del mercado, llegando a automatizar la actualización de precios en función de reglas y estrategias predefinidas.

- **Adoptar sistemas de precios dinámicos** puede incrementar la eficiencia y adaptabilidad en la fijación de precios de transporte. Mediante estos sistemas, las tarifas se podrían ajustar en tiempo real según la demanda de cada momento o la capacidad disponible en los medios de transporte, entre otros factores.

- **La sostenibilidad y el impacto del transporte** sobre el medio ambiente pasará a tener una creciente primacía en la generación y optimización de las tarifas. La utilización de energías renovables y la huella cero de carbono será un criterio imperante en los mecanismos de fijación de precios o de priorización de servicios.

- **La mayor integración de procesos,** rompiendo barreras entre los sistemas internos y los de clientes y proveedores, permitirá lograr mayores cotas de transparencia, automatización y, por tanto, conseguir procesos más eficientes.

El futuro está por dibujar, pero la progresiva convergencia de recursos tecnológicos, una mayor cultura digital con una mejor capacitación de los usuarios, la integración de las tecnologías de la información con las tecnologías operativas (TI/TO), entre otros avances, dibujan una realidad sustancialmente distinta a la actual. A este futuro podrán acceder las empresas que estén preparadas y operen desde plataformas sobre las que se desarrollarán y entregarán estas nuevas capacidades. Estas serán las que tendrán más posibilidades de ofrecer mayores beneficios y prestaciones a las empresas que las utilicen.

3 La visibilidad de la cadena de transporte

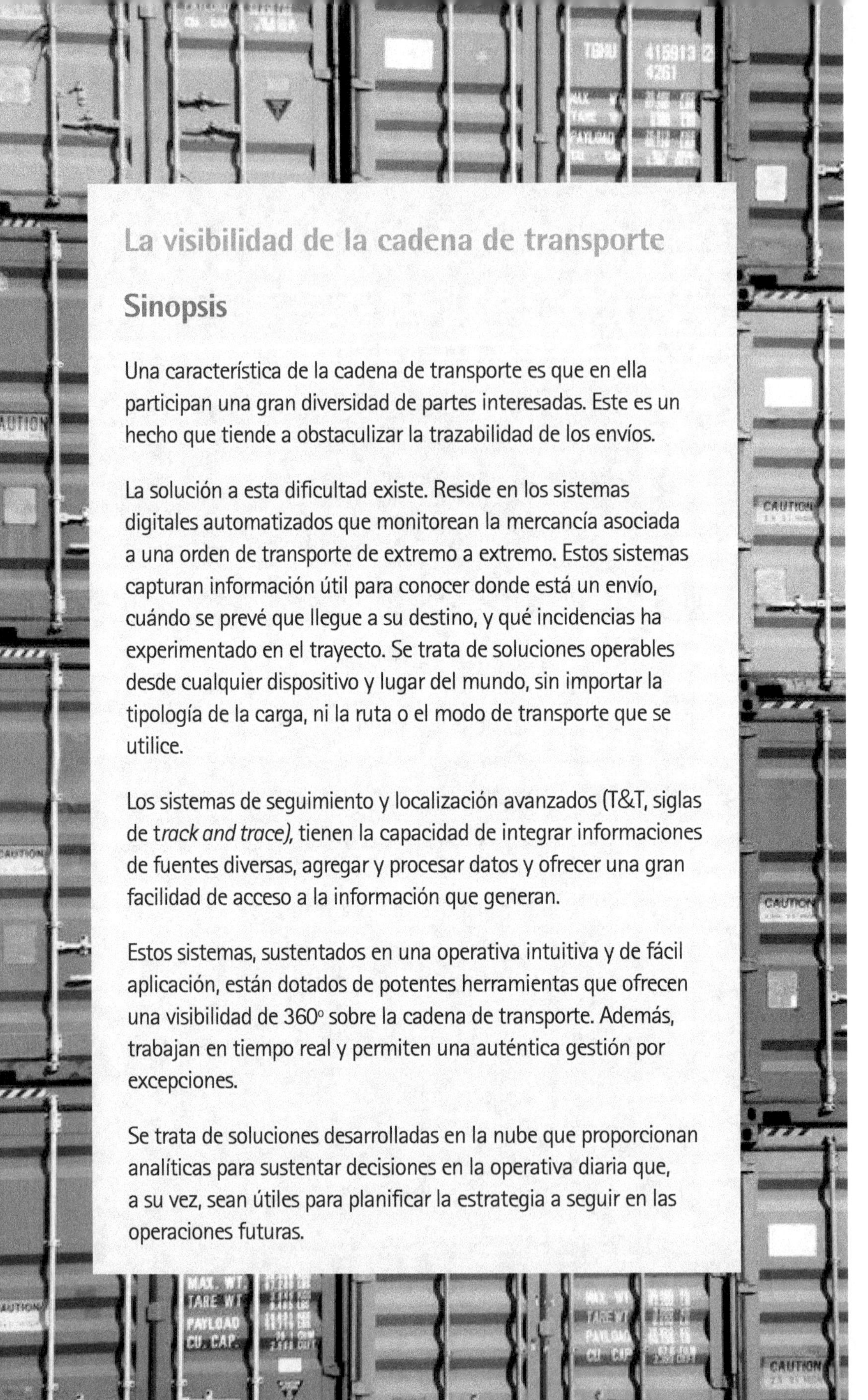

La visibilidad de la cadena de transporte

Sinopsis

Una característica de la cadena de transporte es que en ella participan una gran diversidad de partes interesadas. Este es un hecho que tiende a obstaculizar la trazabilidad de los envíos.

La solución a esta dificultad existe. Reside en los sistemas digitales automatizados que monitorean la mercancía asociada a una orden de transporte de extremo a extremo. Estos sistemas capturan información útil para conocer donde está un envío, cuándo se prevé que llegue a su destino, y qué incidencias ha experimentado en el trayecto. Se trata de soluciones operables desde cualquier dispositivo y lugar del mundo, sin importar la tipología de la carga, ni la ruta o el modo de transporte que se utilice.

Los sistemas de seguimiento y localización avanzados (T&T, siglas de *track and trace),* tienen la capacidad de integrar informaciones de fuentes diversas, agregar y procesar datos y ofrecer una gran facilidad de acceso a la información que generan.

Estos sistemas, sustentados en una operativa intuitiva y de fácil aplicación, están dotados de potentes herramientas que ofrecen una visibilidad de 360° sobre la cadena de transporte. Además, trabajan en tiempo real y permiten una auténtica gestión por excepciones.

Se trata de soluciones desarrolladas en la nube que proporcionan analíticas para sustentar decisiones en la operativa diaria que, a su vez, sean útiles para planificar la estrategia a seguir en las operaciones futuras.

¿Dónde está mi mercancía?

¿Dónde está mi paquete, mi pedido, mi contenedor...? Esa es una incógnita que con frecuencia debemos resolver. Y tanto da si estamos al frente de la producción o los inventarios de una empresa manufacturera, si proveemos a esta de materiales, o si somos una empresa transitaria.

Sea como sea, necesitamos una respuesta. Y los motivos pueden ser muy diversos. Tal vez porque tenemos un cliente que espera con ansiedad la llegada de la mercancía a sus instalaciones, o a las del comprador con el que fijó una fecha de entrega. También puede que tratemos de saber la localización de unas existencias en tránsito, o tal vez solo la previsión de llegada de un buque a puerto para planificar el traslado de la mercancía a un almacén.

Para responder a esas incógnitas, si nuestro equipo de operaciones todavía utiliza herramientas del pasado, habrá tenido que consultar la web de la empresa transportista, tratar de localizar la posición de la mercancía de manera manual y averiguar si existe alguna incidencia. Incluso puede que, ante informaciones insuficientes o desactualizadas, tome la directa y contacte telefónicamente con la terminal del puerto para corroborar si el contenedor buscado se encuentra ya en la playa de contenedores.

Una vez localizado el objeto de búsqueda, que puede requerir horas de gestión, si queremos facilitar esta información a nuestro cliente o a otros departamentos internos, deberemos introducir su posición manualmente en nuestro sistema, aunque eso signifique sumar trabajo administrativo y el riesgo de cometer errores. Todo sea por atender las necesidades de información de las partes interesadas, sean estas clientes, proveedores o transportistas que deban coordinar sus medios para enlazar con el transporte en curso. Con todo, lamentablemente, cada respuesta caducará mucho antes de lo deseado, ya que, al poco tiempo de registrar esta información, la situación habrá cambiado.

Finalmente, para ofrecer la visibilidad que se pretende, muy posiblemente no existirán otras alternativas que escribir la información en un correo electrónico o verbalizarla con una llamada telefónica. Es decir, como buenamente se pueda. En cualquier caso, este proceso suele generar tensiones no solo por lo complicado que es acceder a la información, sino porque esta requiere una inmediatez y veracidad difíciles de proporcionar.

Figura 3.1. Funciones de los sistemas de seguimiento y localización.

Ahora bien, cambiemos de escenario y aproximémonos a la realidad del siglo xxi. La solución práctica para conocer la posición de una mercancía no puede ser otra que la de dotar de la máxima visibilidad a la cadena de transporte en cada uno de sus segmentos. Esa visibilidad es la que nos aportan las aplicaciones de seguimiento y localización (T&T, siglas de *track and trace)*, que vamos a tratar en este capítulo (véase la figura 3.1). La visibilidad permite resolver un sinnúmero de necesidades en el día a día de los equipos profesionales de empresas transitarias, transportistas o cargadoras que intervienen en cualquier operación de transporte. Y hacerlo de una manera eficiente y efectiva.

Un sistema de seguimiento y localización nos permite conocer la ubicación y el estado de una orden de transporte, y por consiguiente de la carga asociada a la misma, en todo momento y desde cualquier lugar en que nos encontremos. Esto confiere a todos los agentes de la cadena de transporte un mayor control, autonomía y capacidad de gestión sobre las operaciones, desde su inicio hasta que las mercancías se han entregado en el lugar y el momento convenidos. Además, el sistema facilita información estimada de las fechas de llegada, con el consiguiente beneficio para la planificación y ejecución de actividades posteriores.

Como vemos, la incertidumbre con la que iniciábamos el capítulo –¿Dónde está mi mercancía?– puede pasar de ser un verdadero suplicio para nosotros o nuestro cliente a resolverse en un abrir y cerrar de ojos. La siguiente pregunta, entonces, está servida: ¿cómo ir de un escenario a otro? Y la respuesta pasa necesariamente por «digitalizar el proceso». Es decir, por la instalación de herramientas avanzadas de seguimiento y localización que nos permiten visualizar de manera inmediata y actualizada las órdenes de transporte, con independencia del modo de transporte que utilicemos.

> *Un sistema de seguimiento y localización confiere mayor control, autonomía y capacidad de gestión sobre las operaciones.*

Mediante este tipo de herramientas, tanto los equipos de operaciones propios como los de nuestros clientes van a invertir menos tiempo en conocer el estado de cualquier orden, en agilizar la resolución de incidencias y en planificar las operaciones relacionadas con el tránsito de los embarques. El resultado inmediato es que pueden dedicar más tiempo a actividades que aporten valor real a la empresa.

Además, optimizamos la atención al cliente al acelerar las respuestas a consultas y dudas, y al brindar la posibilidad de delegar cada contestación en sistemas de visualización automatizados y personalizados. El equipo gestor de incidencias o alarmas llamará a la acción únicamente cuando sea necesario, liberando así una importante cantidad de recursos, tanto para nuestra empresa como para los clientes. Digitalizar se convierte en un sinónimo de mayor eficacia, productividad y eficiencia en la gestión de los procesos.

Vectores clave de una solución digital

Sabemos que es posible disponer de un servicio de monitoreo, y con un nivel de prestaciones tan amplio como el que hemos referido. Pero, ¿cuál es la solución digital que nos permite conseguirlo? ¿Qué requisitos debe cumplir y cómo se deben articular sus herramientas? En este capítulo vamos a desgranar los recursos y las prestaciones de un sistema con estas características (véase la figura 3.2). Así, en un sistema de seguimiento y localización deben confluir los siguientes vectores:

Figura 3.2. Vectores clave de un sistema avanzado de seguimiento y localización para optimizar la visibilidad de la cadena de transporte

- **Integración de información relevante sobre la ubicación de las órdenes de transporte.** Pero también de otras informaciones, como las relativas a eventos en la cadena de transporte, estado de las mercancías o incidencias que se produzcan, pudiendo así generar alertas y proveer de información a otros sistemas. Por ejemplo, información sobre inventarios en tránsito y respecto a cuándo estarán disponibles, lo que facilita ulteriores procesos de planificación. Estas informaciones llegan, principalmente, mediante sistemas de seguimiento por satélite, de las posiciones ofrecidas por las empresas transportistas y de otras proveedoras de datos.

> "Digitalizar es un sinónimo de mayor productividad, mayor eficacia y mayor eficiencia.

- **Agregación y procesamiento de datos** para aportar valor en todo el proceso. De ese modo transformamos los datos en información significativa. Esto se consigue al contrastar, consolidar y cruzar los datos agregados en cada momento para obtener información útil y efectiva para la gestión de la operativa.

- **Facilitar el acceso a la información** a cada persona o parte interesada, poniendo a su alcance toda la que pueda necesitar para desarrollar su labor. Esta información ha de ser comprensible de manera intuitiva, fácil de interpretar y utilizar, presentada en tiempo real, actualizada y accesible desde cualquier ubicación o dispositivo.

- **Disponer de una base tecnológica de futuro,** integre capacidades de alto rendimiento, con analíticas avanzadas de datos e inteligencia artificial. Pero que incorpore no solo los avances actuales de la tecnología, sino que permita su escalado y evolución con la incorporación de nuevos desarrollos.

La operativa de un sistema de seguimiento y localización

Una característica de las cadenas de transporte es que en ellas intervienen una gran diversidad de empresas. Desde la que manufactura y expide los bienes, a la que los transporta al puerto o la propia línea marítima, entre otras. A su vez, las mercancías se van situando en distintos escenarios, con características muy diversas: almacenes, vehículos de transporte, contenedores o terminales de carga, por ejemplo. Estos son factores que contribuyen a dificultar la trazabilidad de los envíos.

Para resolver esta dificultad, podemos encontrar numerosas empresas que han desarrollado sistemas especializados en hacer el rastreo de un determinado modo de transporte, ya se trate de hacer el seguimiento de aeronaves, camiones, trenes o buques.

Sin embargo, es posible ir más allá mediante sistemas de seguimiento y localización multimodal. Así, no importa el modo de transporte o la combinación de modos que se utilice, o de si la mercancía viaja en unidades de carga completa o se trata de paquetería. Los sistemas de este tipo poseen la capacidad de monitorear todo lo relacionado con el seguimiento de cualquier carga y los eventuales cambios e incidencias que puedan ocurrir, así como una verdadera gestión por excepciones. Es decir, permiten «tener localizada» cualquier carga, de extremo a extremo de una cadena de transporte, y en tiempo real.

El proceso de seguimiento se inicia con la entrada en el sistema de la orden de transporte para la unidad logística que vayamos a transportar, en una secuencia que va desde el primer kilómetro hasta la última milla y la entrada en el almacén de destino (véase la figura 3.3). Veamos en cinco pasos cómo se desarrolla y retroalimenta este proceso:

- **Identificación de los envíos.** En primer lugar, se debe identificar cada envío u orden de transporte con un número único de referencia de seguimiento, que servirá para visualizar el progreso del envío a medida que se desplaza a través de la cadena de transporte. Esta identificación numérica también podríamos aplicarla a un medio de transporte, o bien, mediante el internet de las cosas (IoT), a un dispositivo de registro electrónico.

- **Captura y procesamiento de datos.** Una vez identificado el envío, podemos capturar y procesar, en tiempo real, todos los datos relacionados con su seguimiento. Esto incluye el momento de salida, la ubicación, la hora de llegada prevista, el vehículo utilizado u otros detalles. Estas informaciones las obtenemos mediante la integración con los sistemas de provisión de datos, pero también por la integración con mecanismos de IoT de las propias proveedoras de transporte. Con el procesamiento de estos datos, en primer lugar, se facilita el acceso y la visualización de la información, que puede ser gráfica para facilitar la comprensión.

Figura 3.3. Proceso de un sistema de seguimiento y localización, paso a paso, desde la entrada de la orden de transporte al sistema.

- **Notificaciones y alertas.** El sistema genera notificaciones automáticas sobre el cumplimiento o no de las previsiones sobre los tiempos de tránsito, los eventos clave, la ruta y otros factores que afectan a la cadena de transporte, así como alertas que permiten llevar a cabo una gestión por excepciones.

  Adicionalmente, el conjunto de datos procesados permite conocer la huella de carbono generada por cada envío, con información sobre el consumo de combustible, la emisión de gases de efecto invernadero y de partículas en suspensión emitidas.

- **Visualización de datos.** Ahora, ya podemos visualizar el conjunto de datos capturados y procesados a través de una herramienta que se conoce como «torre de control». Se trata de una interfaz intuitiva que permite ver sobre mapas el progreso y el estado del envío en tiempo real, ya sea en tránsito, en almacén o en destino final. Esta funcionalidad genera gráficos e informes que integran datos de múltiples fuentes, brinda una perspectiva integrada y actualizada sobre las operaciones, y desde ella se pueden gestionar las alertas sobre cualquier incidencia que se produzca en el proceso

> **"** Un sistema avanzado de seguimiento y localización ofrece una imagen actualizada y datos en tiempo real de las operaciones.

- **Análisis de datos.** Finalmente, las herramientas de análisis de datos permiten identificar patrones y tendencias en el movimiento de los envíos a lo largo de la cadena de transporte, que nos aportan información para mejorar la eficiencia operativa. La aplicación genera, asimismo, informes sobre indicadores clave de rendimiento (KPI) e incluye funciones de análisis predictivo (véase

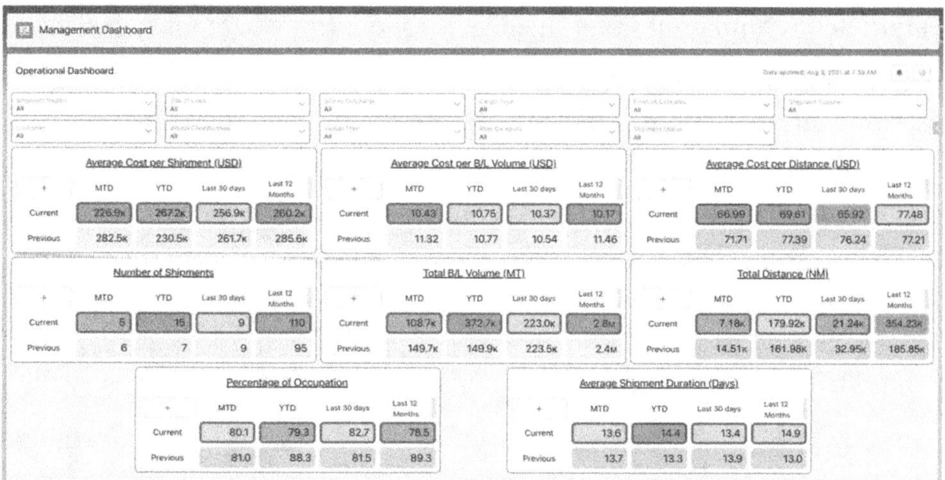

Figura 3.4. Los paneles de gestión permiten establecer los parámetros, las condiciones y las fuentes de información para generar análisis e informes relevantes.

la figura 3.4). Por ejemplo, análisis sobre tiempos de tránsito o detección de anomalías, lo que permite la toma de decisiones proactiva y mitigar posibles riesgos.

La magia del tracking

Un sistema avanzado de seguimiento y localización ofrece una imagen visual actualizada y datos de la situación de las operaciones. Cuando nos situamos frente a la pantalla de una torre de control –como si actuáramos como un controlador que gestiona el tráfico aéreo–, y accedemos a ver la posición de todas nuestras órdenes de transporte, se produce un momento mágico.

Allí está todo lo que necesitamos, con informaciones que aparecen filtradas según los criterios que requerimos en cada momento. Podemos ver desde los embarques que se encuentran en tránsito, a los que están completados porque ya han llegado a su destino o, incluso, los que están planificados y van a viajar en los próximos días. Todo aparece representado en un mapa visual e interactivo, además de tableros de control, informes y gráficos con las órdenes de transporte según un

La fidelización de clientes

Disponer de una solución de seguimiento y visualización (T&T) es una herramienta fundamental para captar y fidelizar clientes. Si somos una empresa proveedora de servicios de transporte, ofrecer un servicio de calidad que permita conocer la situación de las mercancías en todo momento, con una previsión fiable de sus movimientos, es un importante factor diferencial.

Y más si este monitoreo es multimodal y está integrado con herramientas de análisis que permiten generar alertas, estimar fechas clave o monitorear otras variables, como el estado de las mercancías. Entonces, esta herramienta pasa a ser un recurso comercial y de *marketing* extraordinariamente potente.

Con un sistema de seguimiento y localización avanzado adquirimos una extraordinaria capacidad de maniobra. Incrementar la relevancia y notoriedad entre nuestros clientes y empresas colaboradoras, mejora nuestra posición en el mercado y nos permite operar en condiciones aventajadas.

conjunto de parámetros: estado, origen o destino, tipo de carga, alertas predefinidas u otros criterios. Todo ello permite focalizar la atención de manera sumamente eficiente (véase la figura 3.5). Además, el conocimiento previo de *cuándo* y *dónde* puede producirse una incidencia o una situación de riesgo permite poner en aviso a nuestros clientes con antelación, al tiempo que focalizamos la gestión en la puesta en marcha de acciones correctoras de la eventual incidencia

Y toda esta operativa podemos gestionarla desde cualquier lugar del mundo y en cualquier momento. La torre de control es accesible por nuestros equipos de operaciones o directamente por nuestros clientes, según sea más conveniente para la empresa y para facilitar un servicio mejor y diferenciado.

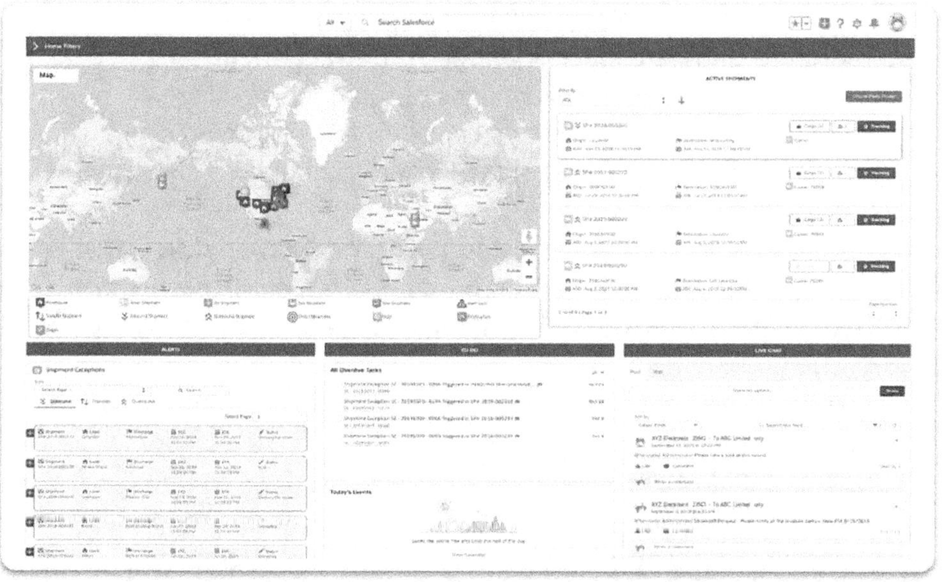

Figura 3.5. Pantalla con el seguimiento de envíos desde la torre de control de un sistema de seguimiento y localización.

Más información = Más valor en la cadena de transporte

La información es un factor crucial en la cadena de transporte. Permite coordinar y sincronizar de manera eficiente las actividades relacionadas con el flujo de productos a medida que estos se desplazan. A más información relevante, más valor podemos incorporar en la cadena de transporte.

Si nuestra empresa es transitaria, transportista o fabricante/distribuidora y la logística es una parte importante de nuestra actividad, podemos compartir la información que ofrece un sistema de seguimiento y localización, haciéndola accesible a los clientes. Es muy sencillo. Basta con facilitar a nuestros clientes un enlace a pantallas totalmente personalizadas, desde las que podrán acceder a toda la información sobre el estado de sus embarques.

Para el cliente final, esa información es sumamente valiosa, porque significa conocer dónde están exactamente sus mercancías. En muchas situaciones, los productos que se transportan se consideran existencias en tránsito, de un centro de producción a uno de distribución, por ejemplo.

Conocer la localización de estos inventarios permite calcular el grado de disponibilidad de un producto y, en ocasiones, evitar o reducir las interrupciones en una cadena de suministro.

Si nuestro cliente es una empresa distribuidora, por ejemplo, la información que suministremos puede contribuir a saber con semanas de antelación qué mercancías y en qué volumen llegarán a los almacenes de sus clientes. Este simple hecho facilita conocer la facturación que podrá generar en un determinado plazo y, con ello, prever mejor su estado financiero.

Notificaciones y alertas

En una cadena de transporte es sustancial cumplir las previsiones, pero también conocer las alteraciones que se produzcan. Por este motivo, un sistema de seguimiento y localización avanzado, a través de una funcionalidad de notificaciones y alertas, nos informa de cualquier evento o variación que suceda, en tiempo real, en cualquiera de los modos de transporte que se estén utilizando para un envío.

Es decir, se emite una notificación de manera automática, que recibiremos siempre que se cumpla un evento relacionado con un envío. Por ejemplo, se notificará el momento estimado para la salida de un buque (ETD) y cuándo este partió realmente (ATD), o el tiempo estimado para la llegada (ETA) y el momento real de llegada al puerto de destino (ATA). O, simplemente, se comunicará que se ha entregado una mercancía.

> Las notificaciones y alertas automatizadas, cuando un evento no se ha cumplido, hacen posible la gestión por excepciones.

A través de conexiones con los sistemas informáticos de una naviera, estas notificaciones pueden también informar de cuál fue el momento de recogida de un contenedor o de su llegada al puerto de carga, cuándo esta se produjo y cuándo se descargó en el puerto de destino.

Pero también puede interesar que emitamos una notificación anunciando con unos días de antelación, por ejemplo, cuándo está previsto que un contenedor se descargue en una determinada terminal. Esa información facilitará que nuestro cliente planifique su recogida, su desconsolidación y la eventual distribución de la mercancía.

Con todas las informaciones significativas, un sistema de seguimiento y localización configura un cronograma con fechas clave y una visión panorámica de una cadena logística, incluyendo los datos de inicio o finalización de cada fase de un envío (véase la figura 3.6). La información sobre todos estos momentos relevantes o *checkpoints,* analizada correctamente, además de contribuir a la gestión de las operaciones en curso, aporta datos valiosos en los que fundamentar, por ejemplo, la confianza en determinados proveedores.

Pero, ¿qué ocurre cuando se produce una desviación respecto a las previsiones? La funcionalidad de notificaciones y alertas también puede generar avisos programados cada vez que una previsión no se ha cumplido, o si tiene lugar una situación crítica

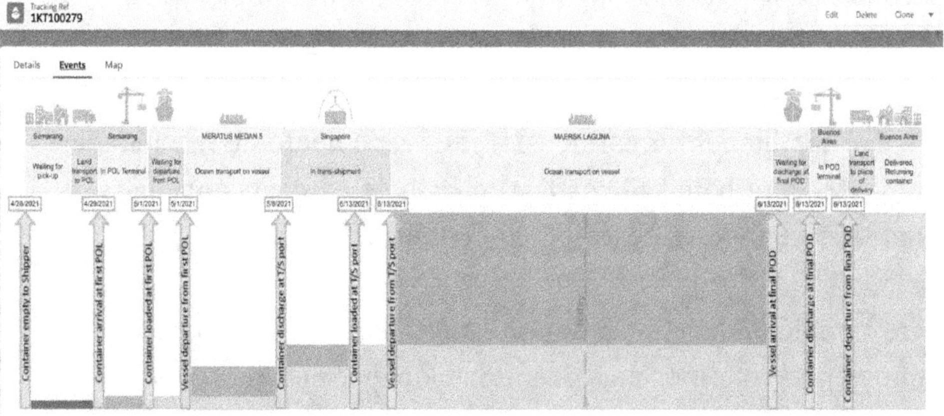

Figura 3.6. Cronograma con fechas clave de una cadena logística.

o de riesgo en un envío. Por ejemplo, por la desviación de un vehículo respecto a la ruta prevista, o si se está produciendo un retraso que requiere una atención inmediata. Aunque se trabaja en tiempo real, según el modo de transporte que empleemos, las alertas se manejan con magnitudes distintas. Mientras que en el marítimo los tiempos pueden medirse en días, en el transporte aéreo se medirán en horas (véase la figura 3.7).

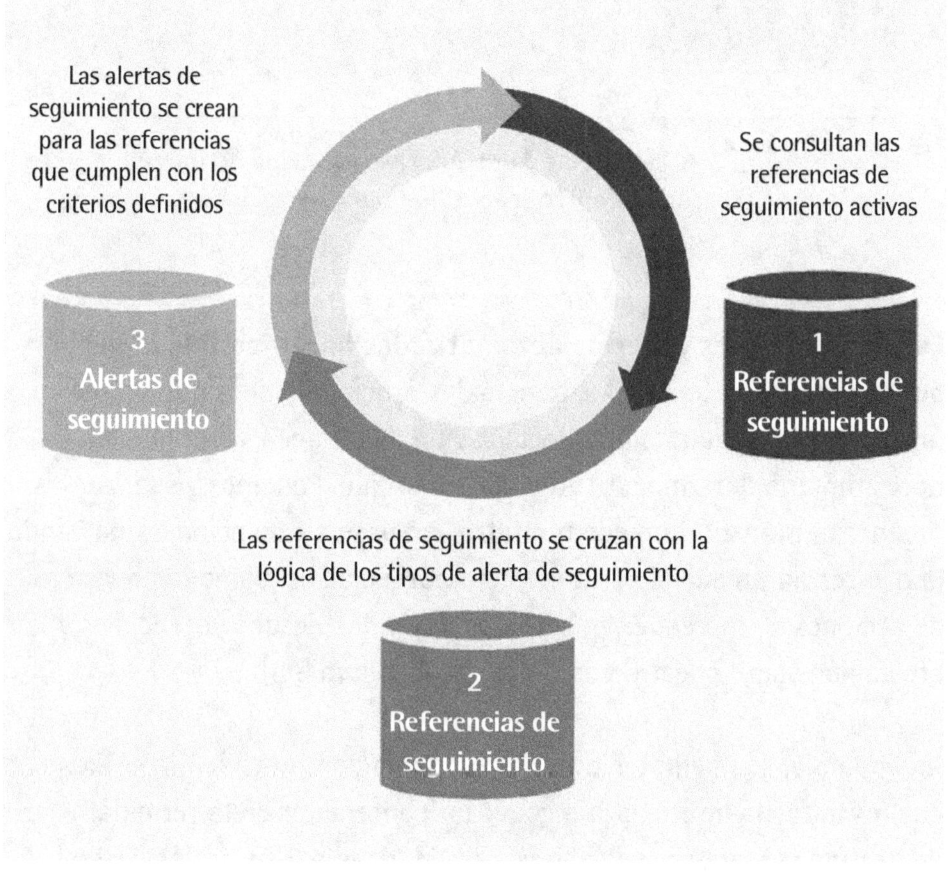

Figura 3.7. Secuencia del proceso de generación de alertas de seguimiento.

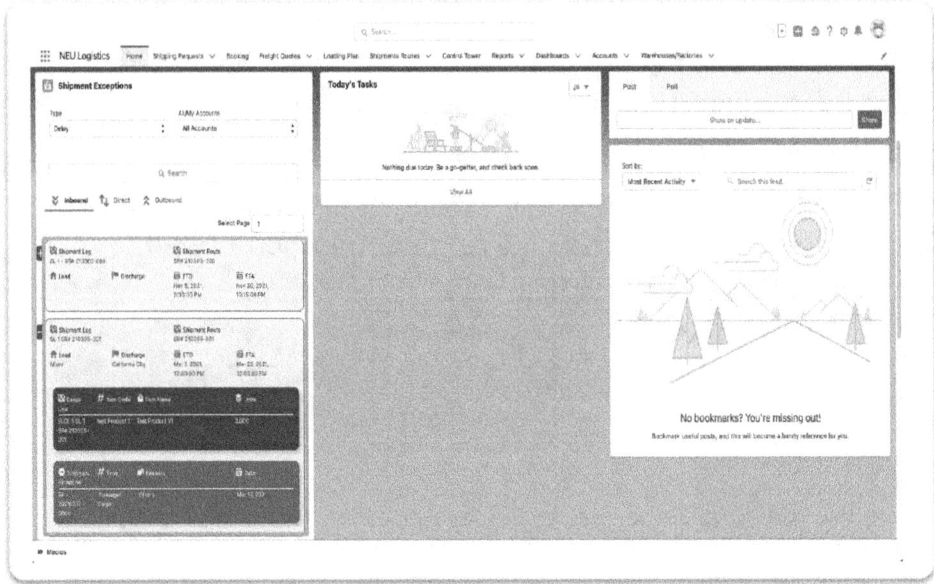

Figura 3.8. Las alertas y una interfaz adecuada permiten
realizar una auténtica gestión por excepciones.

**Las notificaciones y alertas automatizadas hacen posible la gestión
por excepciones,** una de las principales funcionalidades que ofrece
un sistema de seguimiento y localización. Nos hacen saber qué envíos
necesitan una determinada atención y por qué. Podemos visualizar las
órdenes de transporte mediante filtros en base a excepciones, indicando
la ocurrencia predecible y su impacto potencial, así como la previsión
de acciones a emprender, priorizadas según los riesgos potenciales y la
afectación sobre nuestro cliente (véase la figura 3.8).

Por ejemplo, se puede recibir una comunicación previniendo sobre
cuál es la fecha límite para recoger un contenedor en la terminal
de destino sin incurrir en sobrecostos de estadía. Uno de los costos
ocultos más importantes en el transporte internacional es el provocado

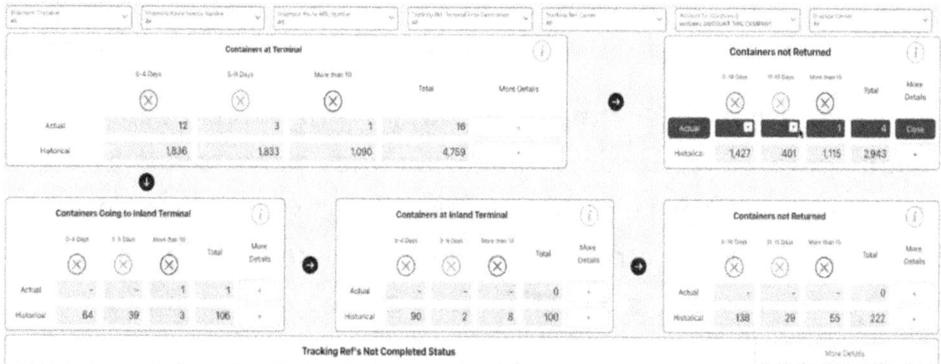

Figura 3.9. En una pantalla podemos visualizar qué contenedores deberían de haber sido retirados de la terminal portuaria de llegada.

por demoras en la retirada de contenedores de la terminal portuaria. Disponer de una herramienta que advierta de cuándo, dónde y con qué se estará incurriendo en esos sobrecostos puede suponer miles de dólares de ahorro (véase la figura 3.9).

O también podemos recibir una alerta respecto a que un contenedor no ha llegado al puerto de destino tras transcurrir un tiempo máximo desde el momento anunciado para su llegada. El extravío de un solo contenedor puede significar, además de una pérdida de decenas de miles de dólares, una importante alteración en una cadena de producción o distribución.

Todos estos avisos podemos programarlos de manera muy sencilla, para recibirlos nosotros o, si se quiere, también nuestro cliente, sin necesidad de contactar con la empresa transportista para obtener dicha información. Es decir, nosotros decidimos qué comunicados queremos recibir, para agilizar cualquier gestión que se derive de una notificación o una alerta.

Dispositivos IoT para ganar en visibilidad

Es posible ampliar las funcionalidades de un sistema de seguimiento y localización si incorporamos dispositivos IoT a las unidades de carga. Estos dispositivos están equipados con sensores, *software* y otras tecnologías, que permiten aplicar el internet de las cosas a la gestión de la cadena de transporte (véase la figura 3.10).

La combinación de un sistema de seguimiento con dispositivos IoT permiten la máxima autonomía en la gestión de la cadena de transporte.

Mediante un dispositivo IoT colocado en el interior de un contenedor, por ejemplo, obtenemos datos de temperatura, humedad, luz, presión u otras condiciones ambientales que podrían afectar a la naturaleza y calidad de los productos que se transportan. Pero también puede completar las funciones del cierre de seguridad del propio contenedor.

Los dispositivos IoT ofrecen informaciones que amplían nuestro conocimiento sobre lo que sucede en una cadena de transporte. La combinación de un sistema de seguimiento y localización con dispositivos IoT permite la máxima autonomía en la gestión de las operaciones, identificar riesgos asociados al transporte, el mantenimiento y la manipulación de las cargas y, en su caso, gestionar esos riesgos para que nunca lleguen a afectar a las mercancías. Esto también hace posible reducir los costos asociados, que en muchos casos son directos, y en otros indirectos a través de su impacto en la fiabilidad de entregas y en los mismos plazos de entrega.

En el caso de productos perecederos que deben viajar a una temperatura controlada, la trazabilidad asociada a un dispositivo IoT permite monitorear la temperatura en el interior de la unidad de transporte para conseguir que esta se mantenga en un rango adecuado para la conservación de los productos. Si, además, se trata de productos alimentarios, la trazabilidad es un requisito indispensable para cumplir con las normativas sanitarias que se exigen para garantizar la calidad de los alimentos.

En los últimos tramos de la cadena de transporte, en la última milla, se pueden dar niveles elevados de utilización de los dispositivos IoT.

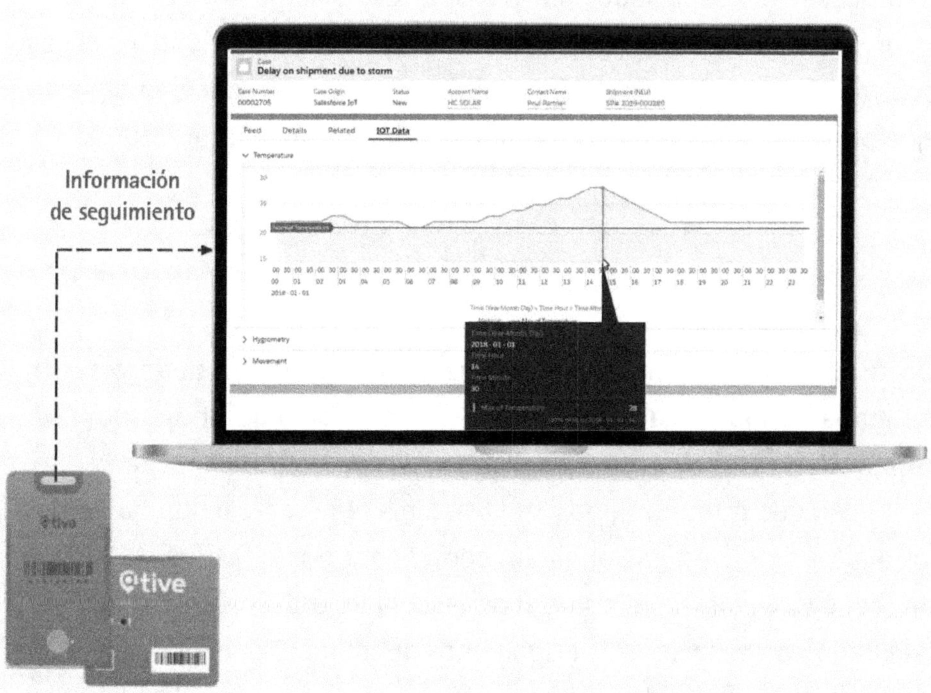

Figura 3.10. Gráfica de informaciones facilitadas por un dispositivo IoT.

Ahí, saber si un determinado producto está en un almacén, y en qué lugar del mismo, o en qué punto concreto de la distribución urbana, es una información relevante para la calidad del servicio.

Hay que tener en cuenta que los dispositivos IoT tienen unas limitaciones técnicas, además de unos costos asociados. Una de ellas es la autonomía que puede alcanzar su funcionamiento y, otra, el mantenimiento que puede requerir para dar continuidad a sus prestaciones. Por otro lado, aunque hay dispositivos muy económicos, prácticamente «de usar y tirar» (mejor, reciclar), para un dispositivo de elevadas y sofisticadas prestaciones que viaje de Madrid a Pekín, por ejemplo, debe preverse que a su propio costo se ha de añadir el de hacerlo regresar a su punto de origen. En definitiva, estos costos solo pueden ser soportados por transportes de carga crítica o de un valor económico que requiera elevados niveles de seguridad. Es el caso del transporte urgente de piezas para cadenas de producción o, por ejemplo, el movimiento de productos en la industria farmacéutica.

Seguimiento de contenedores marítimos y buques

Un sistema de seguimiento y localización avanzado puede ofrecer un mapa con la trazabilidad de un contenedor o de un buque completo (véase la figura 3.11). Para visualizar la posición exacta, basta con que introduzcamos en el sistema el nombre del buque o bien los dígitos de identificación de un contenedor específico (el código BIC del contenedor) o el número de reserva de espacio *(booking note)* facilitado por la naviera. Si disponemos del número del conocimiento de embarque o BL *(bill of lading)*, este permitirá hacer seguimiento del conjunto de contenedores que se acogen a dicho documento.

Para cada uno de esos identificadores, el sistema ofrece diferentes niveles de información. No es lo mismo buscar a través del número de contenedor (que podemos haber obtenido tomándolo de un camión que pase por delante de nuestra oficina), que mediante el número de BL, que implica una relación de pertenencia sobre la mercancía.

Partiendo de alguno de esos datos, para configurar la información, adicionalmente a la que la naviera aporta, el sistema también toma datos de servicios de posicionamiento vía satélite, y del *automatic identification system* (AIS) del propio buque. Esta diversidad en la procedencia de las informaciones permite cruzarlas entre sí y presentar un resultado contrastado y fiable en una sola pantalla.

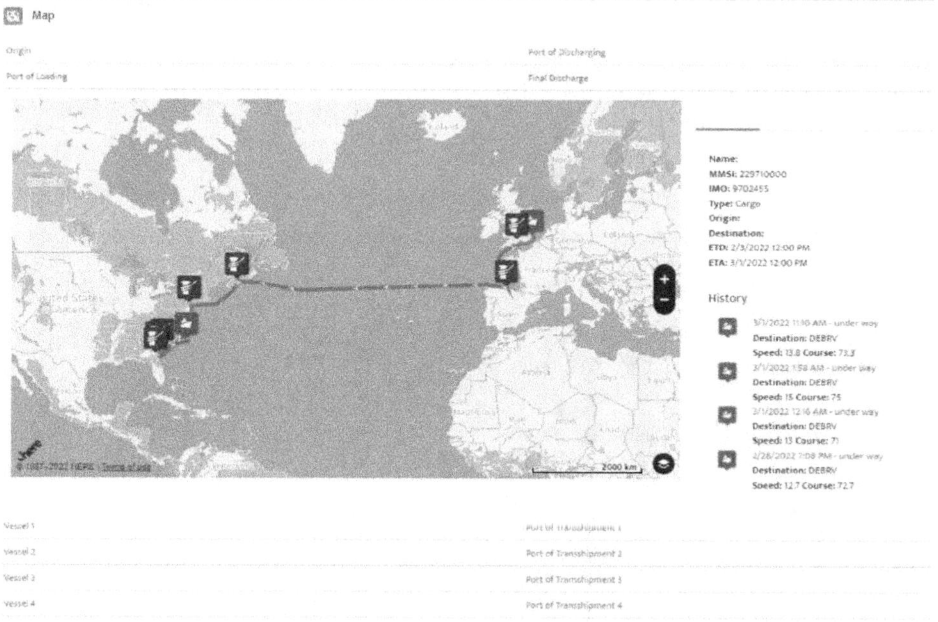

Figura 3.11. Visualización del seguimiento de un envío marítimo.

En el caso de que operemos como empresa *trader,* un sistema de seguimiento y localización puede integrarse con una funcionalidad diseñada para la gestión del transporte de graneles. En el seguimiento de mercancías que se transportan a granel y ocupan toda la capacidad de una nave, como minerales, cereales o cemento, por ejemplo, el rastreo va a centrarse en el propio buque. Pero puede suceder que este realice una ruta con múltiples eventos de recogida, descarga, repostaje, entrega o reenvío, con lo que el seguimiento sistemático de su posición, la secuencia de eventos prevista y el conocimiento de las incidencias que surjan en su recorrido tiene una especial importancia. Particularmente, cuando se ha contratado el fletamento del buque por un tiempo determinado y es nuestra responsabilidad optimizar sus prestaciones.

Seguimiento de carga aérea

El seguimiento en tiempo real de los envíos es especialmente importante en el transporte aéreo, donde los plazos pueden ser

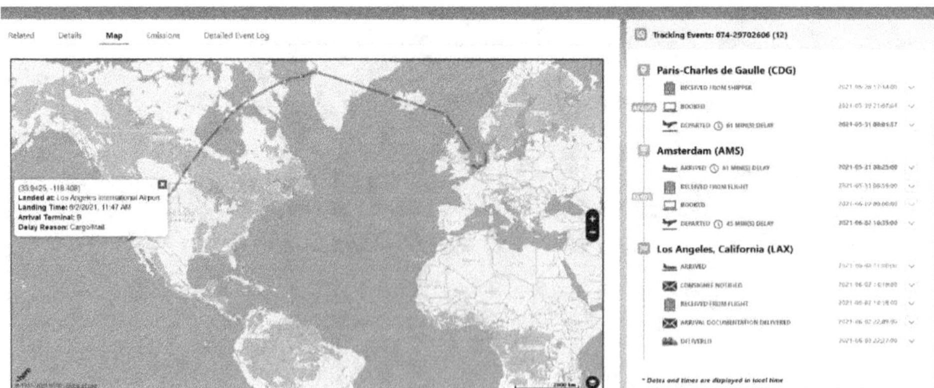

Figura 3.12. Visualización del seguimiento de un transporte aéreo.

ajustados y es crucial conocer los tiempos de tránsito estimados y la
ubicación exacta de cada envío.

**En el rastreo de carga aérea, utilizando la tecnología satelital
ADS-B, podemos monitorear la ubicación de cualquier avión en
el mundo** o de una carga específica que vaya dentro de la aeronave.
Solo necesitamos disponer del código de identificación de su carta de
porte aéreo o AWB *(air waybill)*.

**Desde la torre de control del sistema, se posee una cobertura
de seguimiento de las aerolíneas más importantes de cada país.**
Mediante esta herramienta es posible tener una perspectiva completa
de la ruta planificada y la actual, los eventos estimados y los reales,
las desviaciones que se hayan producido y el estado de la mercancía
en cada momento (véase la figura 3.12).

La agilidad propia de la cadena de transporte aéreo, confiere especial relevancia a planificar la generación de notificaciones y alarmas a partir de determinados eventos, de modo que sea posible anticiparse a situaciones críticas y aproximarse al máximo a una gestión por excepciones.

Seguimiento del transporte por carretera

Una solución de seguimiento y localización puede proporcionar la ubicación de camiones completos o FTL *(full truck load)* en cualquier lugar del mundo. Porque tiene la capacidad de integrarse con empresas líderes y redes de transportistas de los principales mercados de transporte. En todos los casos con un seguimiento en tiempo real, y con una visión detallada de la ruta que se planificó y la que realmente se realiza.

> El seguimiento de las rutas de transporte permite reducir los tiempos de espera en los puntos de carga o descarga.

El sistema de seguimiento y localización tiene la posibilidad de conectarse con más de 3.000 tipos de ELD (siglas de *electronic logging device* o dispositivos de registro electrónicos), y de utilizar la tecnología de satélite GPS para monitorear cualquier camión en el mundo.

En el caso de envíos de grupaje en camión o LTL *(less-than-truck-load)*, el rastreo solo podemos aplicarlo por eventos. Es decir, es posible saber cuándo una carga ha salido de origen, cuándo está de camino y en qué momento llega; pero no se puede saber la posición GPS en cada momento del recorrido.

Para el transporte de paquetería, también es posible utilizar integraciones del sistema de seguimiento y localización, preconstruidas con todas las empresas de paquetería líderes a escala mundial.

En el modo de transporte por carretera, también es posible generar alertas personalizadas para retrasos o adelantos, desviaciones de la ruta prevista o, incluso, por incumplimiento de geoperimetraje, es decir, de los límites virtuales establecidos alrededor de una ubicación geográfica específica.

Prever y coordinar la llegada de vehículos

Un sistema de seguimiento y localización de vehículos incrementa la transparencia en la cadena de transporte por carretera, y también permite prever cuál será el momento de llegada de los vehículos a los almacenes o las terminales logísticas. Para calcularlo con precisión, el sistema procesa de manera automática los datos sobre la posición del vehículo y los combina con sus características, la información de la ruta y sus posibles restricciones, y la información del tráfico. Todo en tiempo real (véase la figura 3.13).

Esta información facilita que podamos intervenir en caso de incidencias e interrupciones imprevistas, y que se puedan planificar recursos alternativos y reducir posibles tiempos de inactividad.

Conocer con la suficiente antelación el momento de llegada de un camión es primordial para coordinar su admisión y planificar las

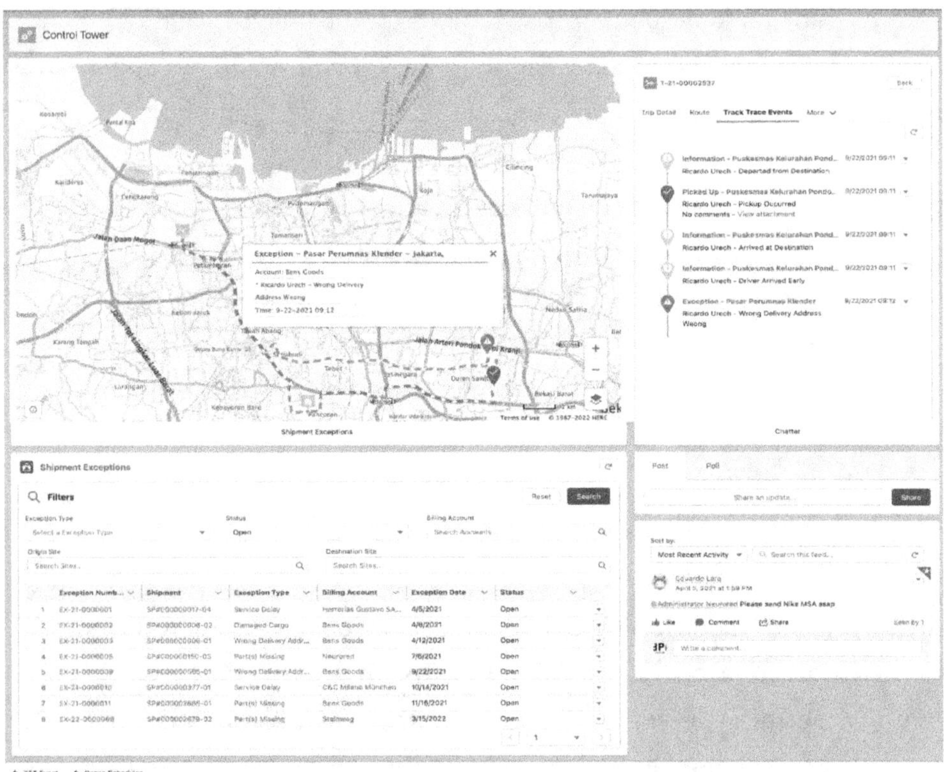

Figura 3.13. Imagen de la ruta de un camión y opciones de gestión por excepciones a través de una torre de control.

operaciones de carga o descarga. Con ello se reducen de manera significativa los tiempos de espera largos e improductivos que se producen en los andenes de recepción de los almacenes. Comunicar a tiempo cuándo se prevé la llegada de un camión puede incluso evitar penalizaciones contractuales por retrasos en la entrega de las mercancías.

Integración con eCMR de la IRU

Los sistemas de seguimiento y localización más avanzados se integran con TransFollow, una plataforma innovadora desarrollada por la International Road Transport Union (IRU). TransFollow brinda a

Gestión de documentos eCMR	
Creación del eCMR por remitente u operador logístico	Información sobre la carga, remitente y origen, receptor y destino, transportista y cualquier instrucción relevante
Firma electrónica	La firma de las partes asegura la validez del documento
Acceso al documento	El acceso compartido al eCMR en cualquier momento facilita la transparencia y trazabilidad
Actualización	Cualquier cambio o incidente puede actualizarse en tiempo real
Entrega y confirmación	El receptor revisa la carga y confirma la entrega en el eCMR
Archivo	El documento archivado permite su uso en caso de discrepancia
Análisis de datos	Los datos recopilados se analizan para mejorar la eficiencia operativa

Tabla 3.1. Pasos clave de un proceso de gestión de documentos de porte electrónicos (eCMR).

las empresas transportistas y a su clientela la máxima transparencia en los envíos por carretera, porque otorga acceso a todas las partes involucradas en los envíos de documentos de porte electrónicos (eCMR) y todas sus transacciones (véase la tabla 3.1).

TransFollow ofrece un seguimiento de la mercancía y la gestión por excepciones, eventos, observaciones, firmas, y todo ello en tiempo real. Asimismo, permite la generación, firma y gestión de los eCMR, lo que simplifica y agiliza los procesos administrativos, especialmente cuando esta plataforma opera integrada con un sistema de gestión del transporte (TMS).

Visibilidad de activos e inventario

Tan importante como disponer de información sobre una mercancía en movimiento, es ofrecer a nuestros clientes información de esta mercancía cuando se encuentra almacenada, a la espera de ser entregada o recogida para su transporte.

Un sistema de seguimiento y localización puede disponer de un *software* específico para la visibilidad de inventarios, que sea aplicable a almacencs dc cualquier tipo, tamaño y configuración. Con ello se consigue visibilidad sobre nuestros propios almacenes, pero también puede aplicarse al control de existencias en almacenes de terceros. De hecho, sobre estos podemos hacer una gestión virtual mediante el control de entradas y salidas de mercancías (véase la figura 3.14). Y, además, ofrece la posibilidad de integrarse con cualquier otro sistema de gestión de almacenes (SGA) con el que opere nuestro cliente.

Todo ello aporta una importante mejora en la gestión de existencias con una mínima dedicación de recursos. Y, a su vez, incrementa

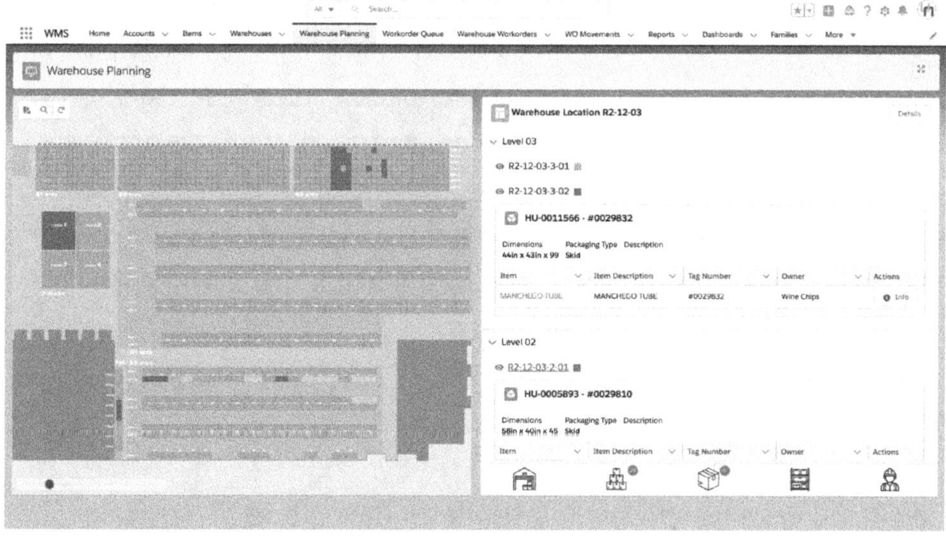

Figura 3.14. Interfaz para la visibilidad de inventarios y activos en tiempo real.

la posibilidad de ofrecer servicios de almacenamiento a nuestros clientes con un satisfactorio nivel de prestaciones de monitoreo.

Analíticas en el seguimiento

Ya hemos visto que la tecnología de seguimiento y visibilidad es una herramienta indispensable para las empresas con necesidades de gestión de transporte, ya se trate de compañías transportistas, transitarias o cargadoras.

La sucesión de eventos que podemos parametrizar a través de esta tecnología permite obtener analíticas para sustentar decisiones en la operativa diaria que, a su vez, sean útiles para planificar la estrategia que hemos de seguir en las operaciones futuras.

"Las analíticas permiten analizar las rutas utilizadas e identificar las más eficientes, seguras y económicas.

Las analíticas del proceso de seguimiento de un envío, desde su origen hasta su destino final, implican la recopilación de información en cada paso del proceso de transporte. Estas analíticas nos permiten identificar patrones y tendencias en el movimiento de las mercancías, definir áreas de mejora y optimizar continuamente los procesos para lograr una mayor eficiencia.

Analíticas en empresas operadoras de transporte

En el caso de las empresas transitarias u operadoras de transporte, las analíticas de rastreo tienen puntos de coincidencia con las que pueden ser útiles para empresas cargadoras (fabricantes o distribuidoras), porque ambas, en definitiva, son usuarias de servicios de transporte:

- **Seguimiento de envíos:** la recopilación de problemas o retrasos en las entregas de una determinada empresa transportista, en un periodo de tiempo o en una ruta concreta, nos permiten valorar en qué medida han perjudicado las operaciones de una cadena de transporte, y ayudar a decidir medidas correctoras, o si lo más conveniente sería prescindir de sus servicios.

- **Optimización de rutas:** las analíticas de seguimiento sobre las rutas utilizadas, las empresas transportistas contratadas con tiempos de tránsito, restricciones y costos de envío, permiten identificar las rutas más seguras, eficientes y económicas (véase la figura 3.15).

- **Gestión de inventarios:** la información de seguimiento de los productos transportados y su ubicación se puede emplear para

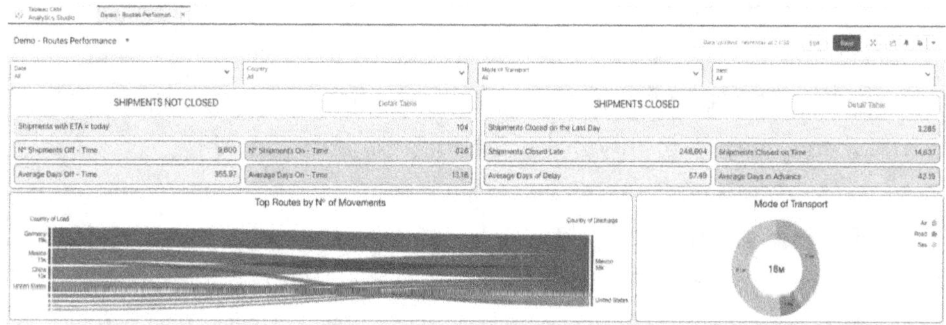

Figura 3.15. Ejemplo de evaluación de las rutas
y los retrasos en los envíos.

gestionar inventarios y, en su caso, contribuir a tomar decisiones sobre los destinos y las entregas.

- **Información y evaluación de costos:** las analíticas de los envíos, con sus costos de transporte, los tiempos de tránsito y los costos de almacenamiento son útiles para identificar oportunidades de ahorro y aplicar medidas para reducir los costos.

- **La experiencia del cliente:** el conjunto de analíticas de rastreo que se puede proporcionar, con actualizaciones en tiempo real sobre cualquier aspecto del estado de los envíos, ofrece la oportunidad de mejorar la calidad de servicio y la experiencia del cliente.

Analíticas en empresas transportistas

En el caso de empresas transportistas, las analíticas de rastreo pueden tener muy diversas aplicaciones. Veamos algunos ejemplos:

- **Gestionar las rutas:** las analíticas se pueden emplear para revisar las rutas utilizadas y para identificar las más eficientes, seguras y económicas. La información de seguimiento permitirá aplicar mejoras que reduzcan los tiempos de transporte y entrega, y, en consecuencia, disminuyan los costos asociados.

- **Optimizar la flota:** la información recopilada sobre la capacidad y velocidad de los vehículos de transporte (buques, camiones, etc.), el consumo de combustible y los patrones de uso ayudan a identificar ineficiencias que faciliten tomar decisiones sobre el mantenimiento de la flota y su eventual sustitución o ampliación.

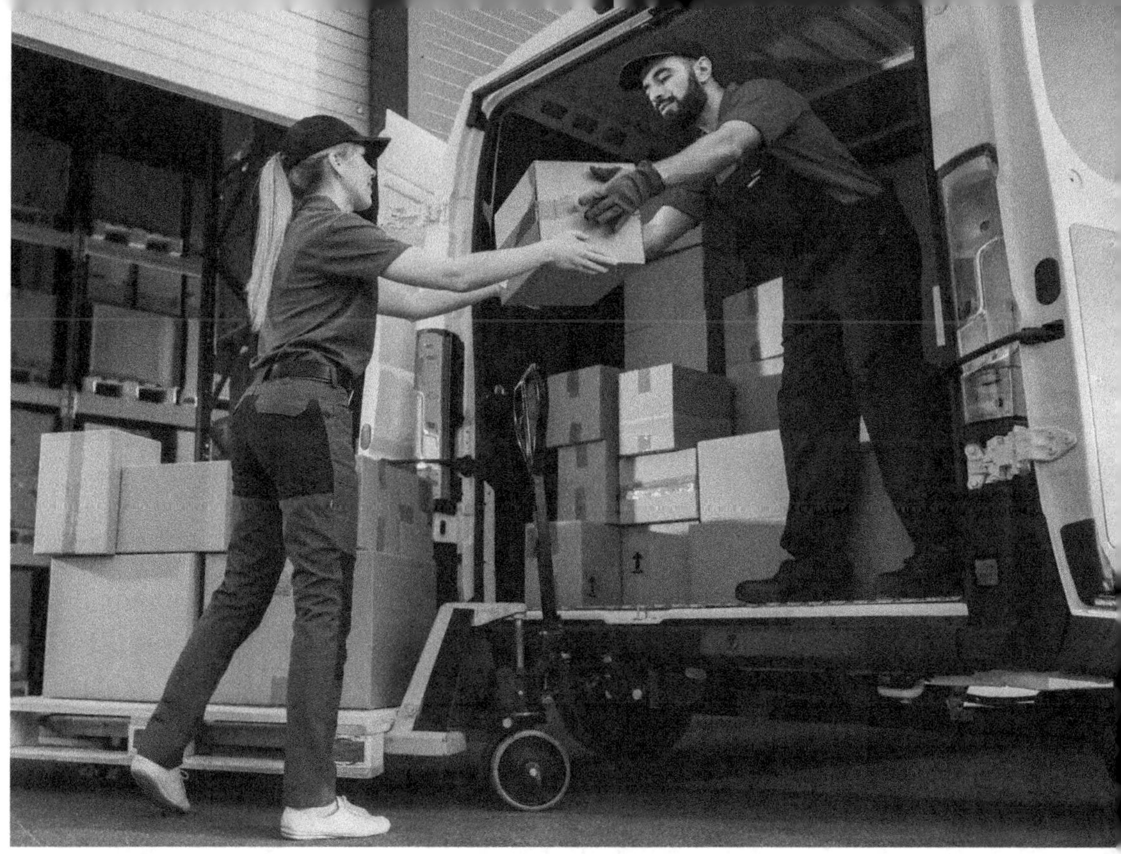

- **Combustible:** las analíticas pueden ser utilizadas para controlar el uso del combustible, identificar el exceso en el consumo y aplicar medidas correctoras.

- **Seguridad de la carga:** la información recopilada sobre la ubicación y el estado de la carga se puede utilizar para identificar diferentes tipologías de problemas, como la manipulación indebida de la carga, las averías, los deterioros o el robo.

Cadenas de suministro más sostenibles

La eficiencia que se consigue al incrementar la visibilidad de la cadena de transporte incide directamente en un mayor control sobre las operaciones, y en un menor consumo de recursos, particularmente de energías fósiles. Esto, en la industria, se traduce en una reducción de los residuos generados y de las emisiones de gases de efecto invernadero (GEI), es decir, en una mejora en la sostenibilidad de toda la cadena de suministro (véase la figura 3.16).

Un sistema de seguimiento y localización dispone de una funcionalidad que permite conocer la huella de carbono a nivel de envío específico o de flota, en términos de consumo de combustible, de emisión de CO_2 o SO_2, o de partículas emitidas, entre otros

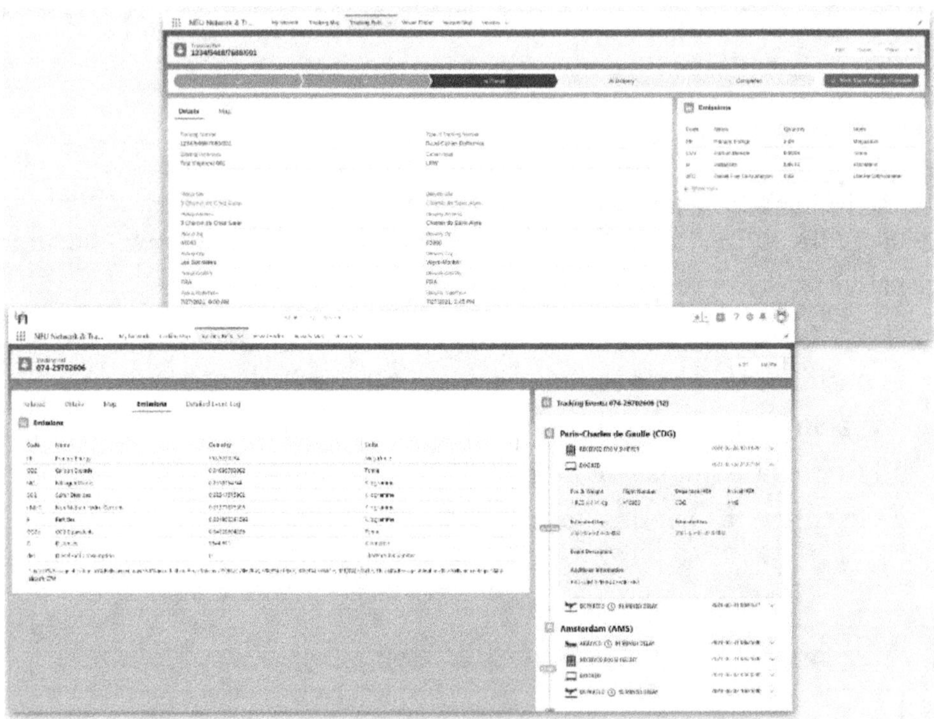

Figura 3.16. Los informes y tableros permiten conocer con precisión los GEI generados.

factores. Con estos datos se pueden generar analíticas con informes y gráficos por períodos, ruta, naturaleza de las expediciones o cliente, entre otros parámetros.

Las empresas que regulan la huella de carbono de su cadena de suministro consiguen reducir sus costos logísticos y pueden acceder a beneficios fiscales. Y, aun más importante, la emergencia climática que afecta a todos los ecosistemas del planeta obliga a las empresas, a implicarse cada vez más en colaborar con los objetivos de sostenibilidad expresados en los ODS (Objetivos de Desarrollo Sostenible) de Naciones Unidas.

La reducción de la huella de carbono también es la expresión de la responsabilidad social corporativa que las empresas transportistas, transitarias y cargadoras hacen visible a través de sus estrategias de comunicación y posicionamiento comercial.

El futuro de la visibilidad en la cadena de suministro

La visibilidad de la cadena de suministro es un proceso continuo estrechamente vinculado a las tecnologías que se han ido introduciendo en el desarrollo e implantación de los sistemas digitales de seguimiento y localización.

Así, desde los primeros estándares de identificación de la década de 1970, en estos sistemas se han producido avances significativos, que han dotado de una mayor transparencia y eficiencia a la gestión de las operaciones.

Aunque no sea posible prever el futuro, sí que podemos inducir cuáles van a ser las líneas maestras que van a conducir la evolución y aplicación de las soluciones destinadas al seguimiento de las mercancías en la cadena de transporte:

- **Incrementar la presencia de tecnologías** basadas en la utilización generalizada de la inteligencia artificial y la analítica avanzada para el procesado de los datos recopilados, y la implantación de cadenas de bloques *(blockchain)*. Estas tecnologías, junto al uso del internet de las cosas, con sensores IoT para un monitoreo continuo de los envíos, proporcionarán un registro inmutable y transparente de todas las transacciones y movimientos en la cadena de suministro.

En su conjunto, estas aplicaciones permitirán una recopilación de datos más rigurosa, y proporcionarán una mayor automatización, precisión y velocidad en el seguimiento de las mercancías y el intercambio de información en tiempo real.

- **Integrar diferentes sistemas y consolidar datos en plataformas centralizadas.** Esto permitirá a los agentes de una cadena de transporte acceder a una misma información actualizada, compartir datos e incrementar la colaboración y coordinación, lo que facilitará la identificación y solución de problemas con inmediatez. La interoperabilidad de los sistemas garantizará una visión holística y precisa de los productos a medida que se mueven a lo largo de la cadena de suministro.

- **Realizar análisis predictivos y optimizar las operaciones** mediante aplicaciones de inteligencia artificial, que incrementarán la posibilidad de identificar modelos y tendencias, detectar anomalías y prever situaciones críticas o problemas potenciales. Todo ello facilitará la toma de decisiones más informadas en áreas como la predicción de la demanda o la optimización de las rutas de transporte y la capacidad de los vehículos.

- **La sostenibilidad y el impacto ambiental del transporte** y del conjunto de la cadena de suministro pasará a tener, progresivamente, un enfoque preferente. Los sistemas de seguimiento y rastreo penalizarán el desperdicio de recursos energéticos y priorizarán las alternativas que signifiquen una menor huella de carbono, identificando mejoras en términos de eficiencia energética y de las rutas de transporte que minimicen las emisiones contaminantes.

Glosario

análisis predictivo
predictive analysis
En el contexto de la gestión de
la cadena de transporte, se trata
de una metodología que utiliza
técnicas estadísticas, algoritmos y
modelos de aprendizaje automático
para predecir eventos, tendencias
o comportamientos relacionados
con las operaciones, el rendimiento,
la demanda, los costos y otros
factores relevantes.

El análisis predictivo proporciona
perspectivas, información y
conocimientos para apoyar la
toma de decisiones estratégicas,
inversiones, innovaciones y mejoras
operativas, alineando objetivos,
recursos y resultados a medio y
largo plazo.

Esta metodología tiene muy
diversas aplicaciones que
incrementan la eficiencia, la
precisión y la rentabilidad de las
operaciones logísticas, como son,
entre otras:

- Pronosticar los niveles de
  inventario y las necesidades de
  almacenamiento y distribución.
- Optimizar rutas de transporte y
  recursos operativos.
- Planificar la disponibilidad y
  las capacidades de vehículos de
  transporte, equipos y personal.
- Identificar y evaluar potenciales
  riesgos o incidencias.
- Prever eventuales fluctuaciones
  en las tarifas de fletes.
- Adaptar y personalizar
  servicios según las tendencias

y necesidades de los clientes y mercados específicos.

* Analizar datos, percepciones de la clientela, indicadores de rendimiento y otras métricas.

aprendizaje automático
machine learning

Subcampo de la inteligencia artificial dedicado al desarrollo de algoritmos y modelos que permiten a las máquinas aprender de datos y mejorar su rendimiento con el tiempo, sin necesidad de ser programadas explícitamente. Esto incluye técnicas como redes neuronales, algoritmos de clasificación y regresión, entre otras.

automatización del transporte
transportation automation

Aplicación de tecnologías y sistemas para realizar actividades y operaciones de transporte de mercancías de manera autónoma, eficiente y optimizada, minimizando la intervención humana.

Para ello se emplean soluciones digitales integradas, como son los sistemas de gestión del transporte (TMS) y de almacenes (WMS), o los dedicados al seguimiento y la localización de envíos y vehículos.

Su objetivo principal es incrementar la precisión, velocidad, seguridad y productividad en la gestión y ejecución de servicios de transporte. Sus aplicaciones se centran particularmente en áreas como:

* Carga-descarga de los vehículos y de las unidades de transporte de carga (UTC).
* Gestión de flotas de vehículos.
* Planificación y optimización de rutas.
* Seguimiento y trazabilidad en la cadena logística, en tiempo real.
* Procedimientos de reexpedición de envíos *(cross-docking)*.
* Integración y conectividad entre partes interesadas en la cadena de transporte.
* Implementación de protocolos y normativas para garantizar la integridad, confidencialidad, protección y legalidad de las operaciones.

cadena de suministro
supply chain

Conjunto de actividades y operaciones que una organización

desarrolla para la compra o aprovisionamiento, producción y distribución de un producto o servicio, que pueden tener una finalidad comercial, social o de otro tipo. Estas tareas relacionan a agentes de diferentes niveles, de modo que la aportación de un agente puede constituir el insumo de otro.

Una cadena de suministro se inicia con la definición y concepción del producto o servicio y la planificación de los requerimientos de materias primas y recursos necesarios para proveer y llevar a cabo su producción o procesamiento. Prosigue con la gestión y el control de los flujos de materiales externos e internos que abastecen a la cadena, y de las informaciones relacionadas con ellos.

El ciclo se cierra con las operaciones logísticas de distribución y entrega de los productos o servicios a personas u organizaciones, destinatarias finales, a través de canales o redes de distribución. Y puede incluir la recuperación de los residuos que se hayan generado en el proceso.

De manera genérica, las principales fases de una cadena de suministro son:

- Concepción del producto o servicio que se va a fabricar o suministrar y planificación del proceso a desarrollar.
- Previsión y gestión de la demanda.
- Planificación de la producción.
- Aprovisionamiento de materiales, equipos u otros recursos.
- Fabricación, montaje o adecuación a los requerimientos y controles de calidad.
- Almacenamiento de los bienes, gestión de inventarios, y otras operaciones de valor añadido.
- Distribución del producto o prestación del servicio, incluyendo el transporte físico de las mercancías.
- Operaciones de logística inversa.
- Gestión de informaciones y documentos.
- Recopilación, procesamiento y análisis de datos e información relevante para facilitar la toma de decisiones que optimicen la eficiencia de la cadena.

cadena de transporte
transport chain

Conjunto de procesos y actividades involucrados en el traslado de mercancías desde un punto de origen hasta otro de destino final. Cada fase de la cadena contribuye al movimiento eficiente de productos a lo largo de una cadena de suministro.

Las principales áreas de gestión de la cadena de transporte son las siguientes:

- Planificación y organización del transporte, con la selección de la ruta y el modo o combinación de modos de transporte más adecuados (marítimo, carretera, ferroviario o aéreo) y la programación de tiempos de entrega.
- Recogida en el punto de origen y eventual consolidación con otras cargas (en un contenedor, por ejemplo) para conseguir la mayor eficiencia en el transporte.
- Transporte principal, mediante uno o más modos de transporte.
- Seguimiento y localización de los envíos a lo largo de la cadena.
- Desconsolidación de la carga y transporte y entrega en su destino final.
- Gestión documental del proceso.
- Servicios de almacenamiento o manipulación en alguna de las fases de la cadena.
- Recopilación, procesamiento y análisis de datos e información relevante para facilitar la toma de decisiones que optimicen la eficiencia de la cadena.

conexión API
API connection

Una API (siglas de *application programming interface*) es un conjunto de protocolos, herramientas y estándares que permite a diferentes aplicaciones informáticas comunicarse entre sí y compartir información de manera estructurada. De este modo, las API pueden ser utilizadas para integrar *software* de diferentes sistemas, automatizar tareas y crear nuevas aplicaciones que utilicen la funcionalidad de servicios existentes.

contrato inteligente
smart contract

Protocolo o aplicación informática que se ejecuta automáticamente como acuerdo digital cuando se cumplen ciertas condiciones preestablecidas. Se emplea para facilitar, verificar y hacer cumplir los términos y condiciones de un contrato que suscriben dos o más partes. Este tipo de contratos se caracteriza por ser autónomo y autoejecutable, sin necesidad de agentes intermedios.

digitalización de la gestión empresarial
digitalization of business management

Conjunto de actividades encaminadas a la mejora de los procesos de gestión interna y externa de una organización a través de la utilización de tecnologías digitales. Estas tecnologías se convierten así en una herramienta clave para la generación y el proceso de datos. Multiplican las fuentes de los mismos, así como la capacidad para procesarlos en información útil, que mejore la toma de decisiones en la búsqueda de una mayor eficacia y eficiencia en las operaciones y una mejor relación con los agentes relevantes: clientes, personal, proveedores, etc. La digitalización está asociada con una redefinición del modo en que se operan los procesos, se toman decisiones y se interactúa con las partes interesadas. Implica un cambio cultural que valora la colaboración, la innovación continua, la agilidad y la adaptabilidad para optimizar la gestión en el ámbito empresarial.

digitalización de la gestión del transporte
transport management digitalization

Proceso mediante el que se implanta en una organización el uso de tecnologías digitales para optimizar el movimiento de bienes desde un lugar de origen a otro de destino. La finalidad de la digitalización es contribuir a la eficacia y eficiencia en la ejecución de las operaciones logísticas, aportando visibilidad, agilidad, seguridad y sostenibilidad a las etapas de la cadena de transporte de mercancías.

Los principales vectores de la digitalización del transporte son:

- Implementación de sistemas de gestión de transporte (TMS) integrados con sistemas de seguimiento y localización de envíos (T&T) y de gestión de tarifas de fletes (RMS), plataformas de gestión de la cadena de suministro (SCM) o de comercio electrónico, así como sistemas de planificación de recursos empresariales (ERP) y de gestión de relaciones con los clientes (CRM), entre otros.

- Uso de tecnologías como GPS, dispositivos IoT (internet de las cosas) y aplicaciones móviles para monitorear en tiempo real las condiciones y ubicaciones de las mercancías.
- Automatización de procesos, con aplicaciones en la generación y gestión de documentos, la asignación de recursos, la optimización de rutas o la gestión comercial.
- Integración y procesamiento de datos e informaciones que permite incrementar la transparencia y facilitar la comunicación entre las partes interesadas de la cadena de transporte.
- Analíticas avanzadas que permiten identificar tendencias, patrones y oportunidades de mejora, particularmente en optimizar las operaciones.

ecosistema tecnológico
technological ecosystem

Entorno en el que diferentes sistemas operativos, dispositivos, aplicaciones y servicios interactúan y se integran para crear una red interconectada y compatible. Puede incluir *hardware*, *software*, plataformas digitales y servicios en la nube, con la finalidad de optimizar la eficiencia operativa de una organización o un proceso.

fletamento
chartering

Servicio de transporte marítimo mediante la cesión del uso de un buque completo o de una parte del mismo, sin que este tenga que servir una determinada zona geográfica ni esté sujeto a una frecuencia ni tarifa fija. Se emplea preferentemente para el transporte de grandes volúmenes de mercancía, generalmente a granel. Los precios y demás condiciones quedan sujetos a lo que suscriban la parte fletante y la fletadora en un contrato de fletamento, según alguna de las siguientes modalidades:

- Contrato de fletamento por viaje.
- Contrato de fletamento por tiempo.
- Contrato de fletamento a casco desnudo.

geoperimetraje
geofencing

Acción de establecer límites geográficos o perímetro virtual mediante coordenadas alrededor de una ubicación geográfica determinada utilizando tecnologías como GPS, Wi-Fi o redes móviles. Se emplea comúnmente en aplicaciones de localización basadas en dispositivos móviles y en sistemas de seguimiento de flotas, donde se utilizan para determinar si un vehículo o dispositivo se encuentra dentro o fuera de un área geográfica específica.

gestión por excepciones
exception management

Modelo de gestión de operaciones que se centra en identificar y abordar aquellos eventos o situaciones que se desvían de la norma o que requieren atención inmediata, lo que hace posible que los equipos de operaciones puedan anticiparse a situaciones críticas y hacer un uso más eficiente del tiempo y los recursos.

Su aplicación está vinculada a la utilización de sistemas de gestión digitalizados que permiten la emisión de notificaciones y alertas automatizadas sobre el cumplimiento o no de determinadas previsiones, en tiempo real, como los tiempos de tránsito, los eventos clave, la ruta y otros factores que afectan a la cadena de transporte.

huella de carbono
carbon footprint

Indicador ambiental que muestra la cantidad de gases de efecto invernadero (GEI), en unidades de dióxido de carbono equivalente (CO2e), que emite directa o indirectamente una entidad, individuo, evento, producto o servicio a lo largo de su ciclo de vida. Estos gases contribuyen en gran medida a la crisis medioambiental, manifestada con el calentamiento global y el cambio climático, al atrapar el calor en la atmósfera terrestre. Las medidas más eficientes para reducir la huella de carbono se centran en aumentar la eficiencia energética, utilizar fuentes de energía renovable, optimizar los procesos de producción y transporte, y reducir radicalmente la producción y el consumo de productos y servicios insostenibles para la vida en el planeta.

inteligencia artificial (IA)
artificial intelligence (AI)

Ámbito de la informática dedicado a la creación de sistemas y programas capaces de simular procesos de pensamiento humano y tomar decisiones basadas en datos y patrones. Entre la gama de técnicas y enfoques de IA, destacan las áreas de:

- Aprendizaje automático.
- Procesamiento del lenguaje natural.
- Visión por computadora.
- Robótica.
- Previsión de la demanda.
- Análisis predictivo.
- Sistemas expertos para la toma de decisiones.

internet de las cosas
internet of things (IoT)

Expresión de la industria 4.0 referida a una red de objetos y dispositivos interconectados de manera inalámbrica, equipados con sensores y otras tecnologías que les permiten recibir, analizar y transmitir datos desde y hacia otras cosas y sistemas.

El IoT posee numerosas aplicaciones en el transporte de mercancías, particularmente en ámbitos como:

- Seguimiento y monitoreo de envíos o vehículos en tiempo real.
- Optimización de rutas.
- Gestión de flotas.
- Seguridad de la carga.
- Cumplimiento de normativas sobre las mercancías.
- Reducción de costos operativos.
- Interconexión con sistemas de gestión del transporte y el almacenamiento.

orden de transporte
transport order

Documento contractual emitido por la empresa que actúa como cargadora ante la transportista. Lo expide habitualmente una empresa transitaria o una fabricante-distribuidora, y se origina tras un requerimiento de cotización a la empresa transportista.

La orden de transporte comunica un compromiso que aceptan las partes que la suscriben y que va a servir para organizar y validar el movimiento de bienes de un lugar a otro. En este documento se especifican las informaciones esenciales para la ejecución de un envío:

- Datos de la empresa cargadora y de la transportista.
- Puntos, fechas y horarios de recogida y entrega de las mercancías.
- Naturaleza de la mercancía, indicando su cantidad, peso, volumen, tipo de embalaje e instrucciones especiales para su manejo y cualquier otra característica relevante que la identifique.

La orden de transporte debe acompañarse de la correspondiente ficha de estiba cuando la transportista realiza, además, las operaciones de carga, estiba, descarga o desestiba de la mercancía en el vehículo de transporte o unidad de transporte de carga (contenedor, caja de camión, etc.).

portal de usuarios
community portal

En el marco de una cadena de transporte de mercancías, es una plataforma digital diseñada para la colaboración entre las partes interesadas que participan en dicha cadena. Entre las funcionalidades que aporta, destacan:

- Interactuar y compartir documentos y mensajes en tiempo real que facilitan la sincronización entre la empresa transportista y la cargadora.
- Compartir información relevante sobre la manipulación de las mercancías, la planificación de los envíos y su entrega.
- Visibilidad en tiempo real sobre la ubicación y movimientos de las mercancías en tránsito, recibir alertas y notificaciones, y gestionar excepciones.
- Herramientas para automatizar procesos administrativos y de las operaciones logísticas.
- Personalizar interfaces, flujos de trabajo y herramientas.

Medidas de seguridad para proteger la información, garantizar la integridad de los datos y cumplir con las normativas y requisitos legales.

rastreo o seguimiento histórico
tracing

Proceso de seguimiento completo de un envío o un vehículo desde su origen hasta su destino final, con una visión global y detallada del mismo. Puede implicar la recopilación de información sobre su ruta y su costo, sus movimientos y documentos relacionados en cada paso del proceso de transporte, incluyendo las incidencias que pudieran haber afectado al envío.

seguimiento de un envío
tracking

Proceso de monitorear o rastrear la ubicación y el estado de un determinado envío o de un equipo de transporte (por ejemplo, un contenedor) a lo largo de su ruta y en tiempo real. Permite disponer de información exacta en un momento dado de la situación del envío dentro de la cadena de transporte, incluyendo las posibles incidencias que pudieran afectar al mismo en un momento determinado. El seguimiento puede ser proactivo, es decir ejecutado por el usuario interesado en el mismo, o basarse en alertas predefinidas que informen sobre la ocurrencia de hechos concretos.

sistema de gestión de almacenes (SGA)
warehouse management system (WMS)

Herramienta informática diseñada para administrar y optimizar el proceso de almacenamiento de materiales.

Sus funciones principales abarcan las funciones de:

- Gestión de inventarios en tiempo real.
- Registro y coordinación de la recepción y el despacho de mercancías.
- Gestión de recursos y elementos de manutención.
- Gestión de ubicaciones.
- Planificación y ejecución de movimientos de materiales y preparación de pedidos.
- Integración con otros sistemas, como ERP, TMS o sistemas de comercio electrónico, entre otros.

- Generación de analíticas e informes sobre indicadores de productividad, tiempos de ciclo o costos operativos.

sistema de gestión de flotas
fleet management system (FMS)
Solución digital diseñada para organizar y gestionar las prestaciones de flotas de vehículos destinados al transporte de mercancías. Una de sus funciones es el seguimiento de los vehículos, que permite rastrear la ubicación, el comportamiento y el estado de los vehículos en cualquier momento, en tiempo real.

sistema de gestión de tarifas de fletes
rate management system (RMS)
Software diseñado para ser utilizado por empresas que han de administrar y controlar los fletes que les ofrecen proveedoras de transporte. Estos sistemas son útiles tanto para empresas transitarias que han de cotizar y gestionar envíos de sus clientes como para empresas fabricantes o distribuidoras que contratan directamente a las transportistas.

Sus funciones esenciales son las siguientes:

- Recepcionar, estructurar y almacenar tarifas de fletes de manera integrada según factores relevantes.
- Seguimiento y actualización automatizada de tarifas.
- Cálculo automatizado de cotizaciones a clientes.
- Gestión de contratos inteligentes.
- Gestión documental, incluyendo la facturación y el registro de datos para fines contables.
- Ofrecer informes y análisis sobre costos, rutas o rentabilidades, entre otros.
- Integración con otros sistemas, como los de gestión del transporte, gestión de almacenes o de seguimiento y localización de envíos o vehículos.

sistema de gestión del transporte
transport management system (TMS)
Solución digital fundamentada en un *software* diseñado para una

gestión integral del proceso de transporte de mercancías. Posee un carácter troncal y tiene la capacidad de integrarse con otros sistemas especializados, como los de gestión de tarifas de fletes (RMS), de gestión de almacenes (WMS), o los de seguimiento y localización de cargas y vehículos (T&T). Puede asimismo integrarse con sistemas IoT, EDI, ERP o CRM, entre otros.

Mediante la agregación y el procesamiento de datos e informaciones del conjunto de procesos y agentes de la cadena de transporte, un TMS permite alcanzar un elevado grado de automatización en las operaciones, lo que reduce incidencias y contribuye a optimizar los recursos.

Sus principales funciones son las siguientes:

- Gestión de proveedores y costos de transporte.
- Gestión de clientes y pronóstico de la demanda.
- Planificar y gestionar órdenes transporte.
- Planificar rutas, operaciones y fletamentos.
- Optimizar el trabajo de los equipos internos.
- Aportar visibilidad a la cadena de transporte.
- Gestión documental.
- Generar cuadros de mando.
- Obtener analíticas e indicadores clave de rendimiento para facilitar la toma de decisiones informadas que optimicen el rendimiento de las operaciones de transporte.

sistema de reexpedición
cross docking

Proceso de distribución fundamentado en la recepción de mercancías en un área de trabajo o plataforma operativa, donde se clasifican según su destino para ser reexpedidas de manera inmediata, principalmente hacia establecimientos de venta al por menor. Este proceso no precisa que en dicha plataforma existan *stocks* propios de un centro de almacenaje. Su gestión puede ser manual o estar soportada por una integración de *software* WMS-TMS, lo que permite planificar las cargas que se van a recibir, los vehículos que las transportan y la reordenación de las expediciones para optimizar los vehículos y las rutas de transporte en la distribución final.

sistema de seguimiento y localización
track & trace system (T&T)
Solución dotada de herramientas digitales diseñada para monitorear, rastrear y proporcionar información sobre la ubicación de mercancías o vehículos durante el proceso de transporte, en tiempo real.

Las principales funciones de estas herramientas son:

- Aportar visibilidad que contribuye a la seguridad, planificación y precisión en la gestión de los envíos, de extremo a extremo, y a la coordinación en la entrega de las mercancías.
- Incrementar la productividad mediante notificaciones y alertas automatizadas que permiten una gestión por excepciones.
- Proporcionar información sobre inventarios de mercancías en tránsito.
- Integración con otros sistemas, como TMS, RMS, FMS, WMS, ERP o plataformas de comercio electrónico, entre otras soluciones tecnológicas.
- Analíticas que permiten identificar patrones y tendencias en el movimiento de las mercancías, definir áreas de mejora (rutas, proveedores, etc.).

unidad de transporte de carga (UTC)
cargo transport unit (CTU)
Unidad de carga construida para ser utilizada, principalmente, en el transporte intermodal de mercancías. Su configuración física usual son el contenedor, la caja móvil, el vagón de mercancías o el semirremolque.

unidad logística
logistics unit
Elemento modular (caja, palé, contenedor, bulto, etc.) configurado como mercancía que se puede manejar, almacenar o transportar utilizando medios mecánicos. Puede estar formado por un único elemento o por un conjunto de menores dimensiones, agrupados para formar una unidad de carga compacta e individual, claramente identificable, que permita un fácil

manejo y conservación, incremente la seguridad y contribuya a una manutención eficiente.

visibilidad de la cadena de suministro

supply chain visibility

Capacidad de hacer seguimiento y de monitorear el flujo de materiales, productos e información a lo largo de la cadena de suministro, desde la fase de producción hasta la entrega de bienes en su destino final. La visibilidad ofrece información en tiempo real sobre el estado, la ubicación y las condiciones de los bienes en tránsito, y contribuye a prever incidencias y riesgos, optimizar la eficiencia operativa, reducir los costos y mejorar la satisfacción de la clientela.

Manual de gestión de tráfico de mercancías

Rut Castell

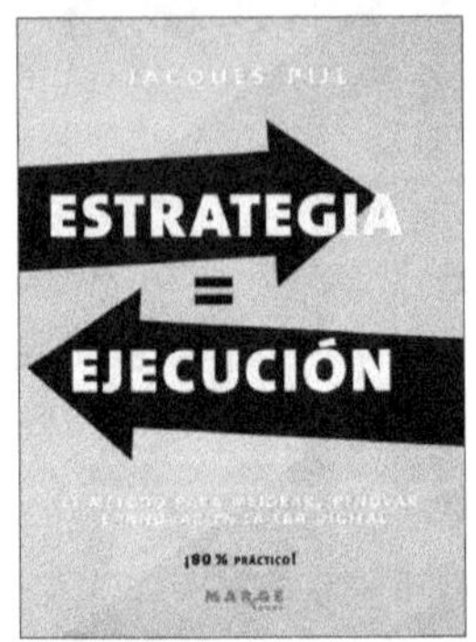

Estrategia = Ejecución. El método para mejorar, renovar e innovar en la era digital

Jacques Pijl

Cómo desarrollar la carga aérea en aeropuertos

Javier Arán Iglesia

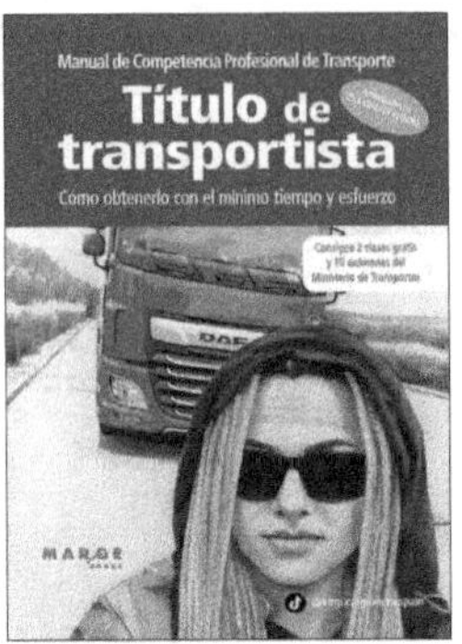

Título de transportista

Francisco Martín Jiménez

Transporte ferroviario de mercancías

Miguel Ángel Dombriz, Ignacio Sanz, Iñigo Peñaranda, Joan Carles Enguix, Jordi Mas

Transporte marítimo de mercancías. Los elementos clave, los contratos y los seguros

Rosa Romero, Alfons Esteve

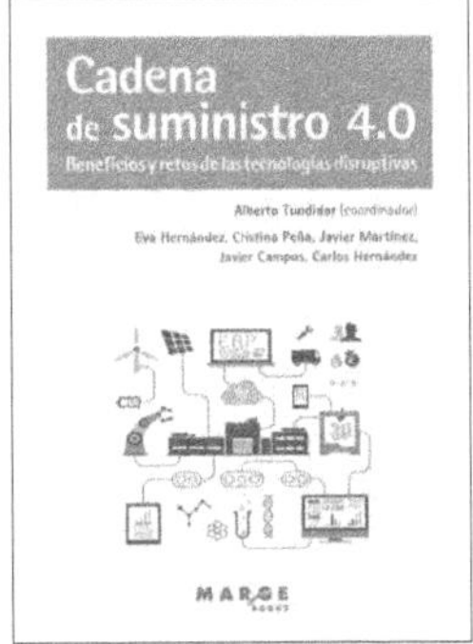

Cadena de suministro 4.0

Alberto Tundidor, Eva María Hernández, Cristina Peña, Javier Martínez, Javier Campos, Luis Carlos Hernández

Manual del comercio electrónico

Eva María Hernández Ramos, Luis Carlos Hernández Barrueco

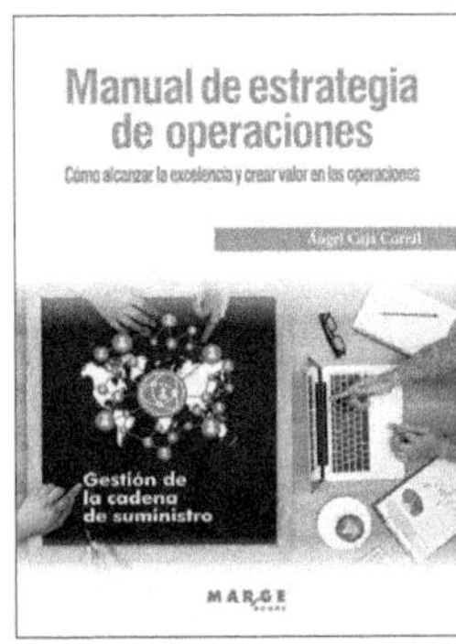

Manual de estrategia de operaciones

Ángel Caja Corral

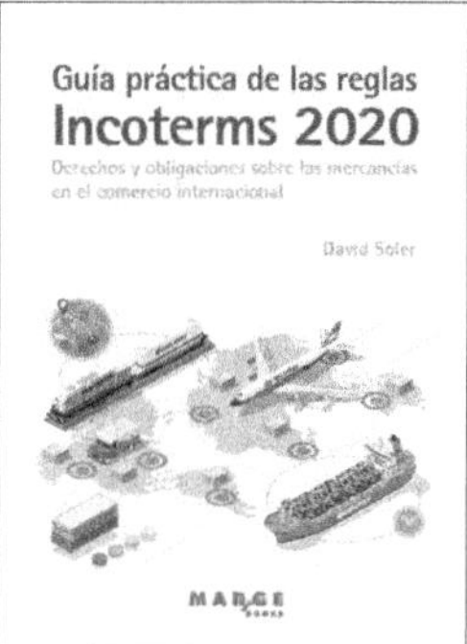

Guía práctica de las reglas Incoterms 2020
David Soler

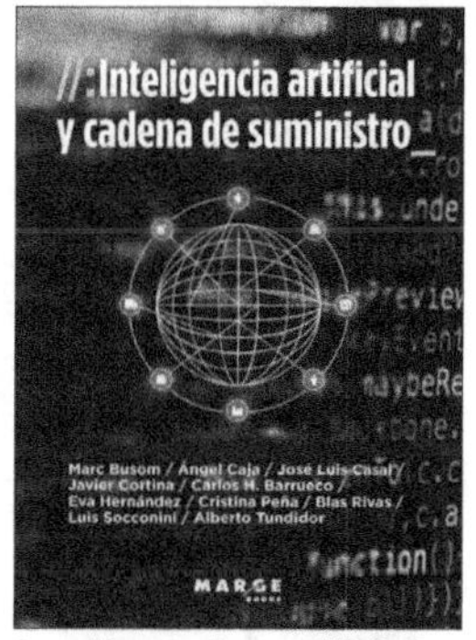

Inteligencia artificial en la cadena de suministro
Marc Busom, Ángel Caja, José Luis Casal, Javier Cortina, Carlos Hernández, Eva Hernández, Cristina Peña, Blas Rivas, Luis Socconini, Alberto Tundidor

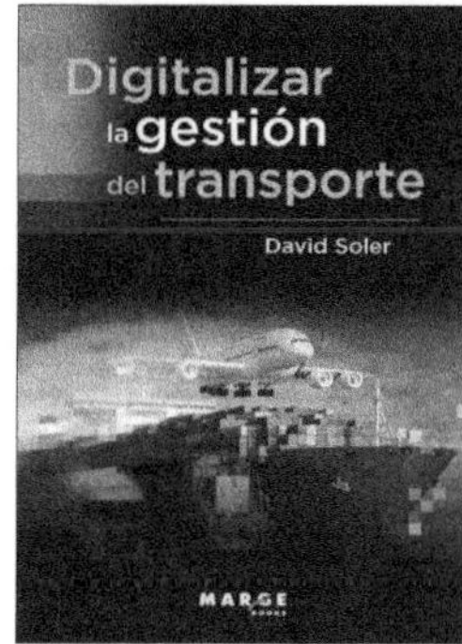

Digitalizar la gestión del transporte
David Soler

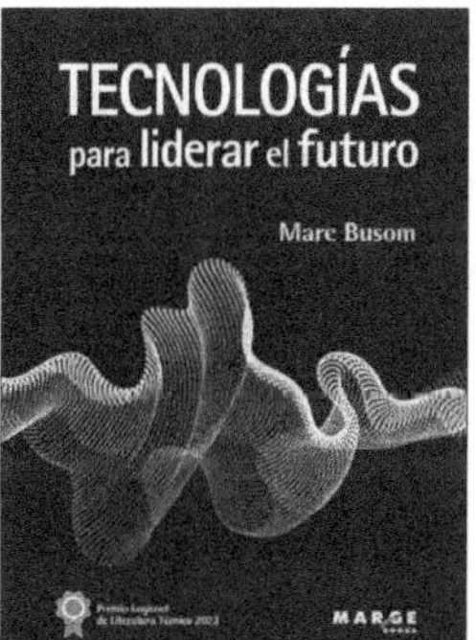

Tecnologías para liderar el futuro
Marc Busom

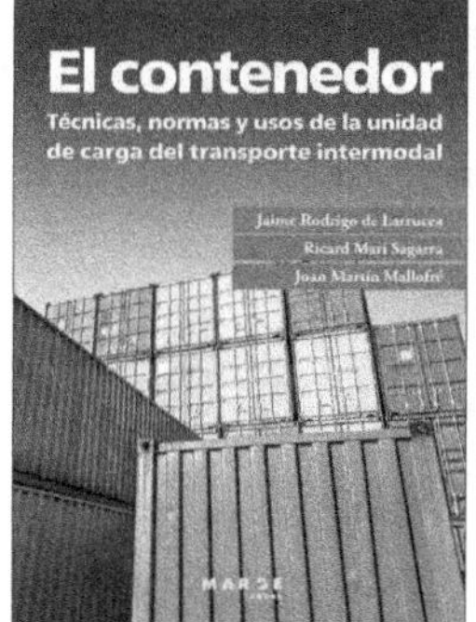

El contenedor
Ricard Marí Sagarra, Jaime Rodrigo de Larrucea, Joan Martín Mallofré

Logística urbana. La ciudad en la cadena de suministro
Ignasi Ragàs

Cadena de suministro. Principios, máximas y recomendaciones
Luis Aníbal Mora García

Economía circular. Un enfoque práctico para transformar los modelos empresariales
Rozanne Henzen, Ed Weenk

Cómo gestionar la cadena de suministo
Ed Weenk

Tel. +34-931 429 486 – marge@margebooks.com – www.margebooks.com